Anhui Sheng Shuiyun Jingpin Gongcheng Shishi Zhinan

安徽省水运精品工程实施指南

安徽省交通建设工程质量监督局　组织编写

人民交通出版社股份有限公司
China Communications Press Co.,Ltd.

内 容 提 要

本指南是在现行水运工程规划、勘察、设计、施工、监理等相关标准、规范的基础上，结合调研及安徽省多年来在水运工程方面的实践经验及科研成果编制而成，旨在指导安徽省水运精品工程的申报与实施。指南包括10部分内容：总则、术语、勘察、设计、施工、工程监理、项目管理、信息化管理、结构健康监测及精品工程评价准则。

本指南可供水运工程管理人员参考使用，也可作为水运工程规划、勘察、设计、施工、监理技术人员的参考用书。

图书在版编目(CIP)数据

安徽省水运精品工程实施指南 / 安徽省交通建设工程质量监督局组织编写. — 北京：人民交通出版社股份有限公司，2015.5

ISBN 978-7-114-12197-5

Ⅰ.①安… Ⅱ.①安… Ⅲ.①水路运输－交通运输建设－工程施工－安徽省－指南 Ⅳ.①U69-62

中国版本图书馆CIP数据核字(2015)第080040号

书　　名：安徽省水运精品工程实施指南
著 作 者：安徽省交通建设工程质量监督局
责任编辑：尤　伟
出版发行：人民交通出版社股份有限公司
地　　址：(100011)北京市朝阳区安定门外外馆斜街3号
网　　址：http://www.ccpress.com.cn
销售电话：(010)59757973
总 经 销：人民交通出版社股份有限公司发行部
经　　销：各地新华书店
印　　刷：北京鑫正大印刷有限公司
开　　本：880×1230　1/16
印　　张：7
字　　数：120千
版　　次：2015年5月　第1版
印　　次：2015年5月　第1次印刷
书　　号：ISBN 978-7-114-12197-5
定　　价：30.00元
(有印刷、装订质量问题的图书由本公司负责调换)

前　　言

水路运输(水运)是交通运输的重要组成部分，是国民经济的基础性、先导性和服务性行业。为建设质量高品质、通行高效率、管理高水平的水运工程，实现水运“快速、顺畅、安全、和谐”的发展目标，安徽省交通运输管理部门提出创建精品工程。创精品工程是落实科学发展观、可持续发展战略的必然要求，通过创精品工程，进一步提升水运工程质量，提高建设、施工、监理及营运的管理水平，营造科技创新氛围，促进水运行业的健康、可持续发展。

本指南根据现行水运工程规划、勘察、设计、施工、监理等相关标准、规范，结合省内外调研，以及安徽省多年来水运工程建设管理方面的实践经验和科研成果编制而成。指南包括10部分内容：总则、术语、勘察、设计、施工、工程监理、项目管理、信息化管理、结构健康监测及精品工程评价准则。

在执行本指南的过程中，希望各单位和个人结合工程实践，认真总结经验，积累资料，对本指南有何修改意见或建议，可与主编单位联系(地址：安徽省合肥市马鞍山南路856号，邮编：230051，电话：0551-64682558，Email：zjz@ahjt.gov.cn)，以便修订时参考。

主编单位：安徽省交通建设工程质量监督局

参编单位：安徽省交通勘察设计院有限公司
合肥工业大学
安徽省中兴工程监理有限公司

编写人员：何　光　吴立人　马中南　尹　平　王乐远　扈惠敏　倪良松
周基群　周力军　吉小军　魏文江　汪海生　杨昌道　吴金霞
魏　松　李云龙　汪　权　姚华彦　沈保根　李华治

目　　录

1 总则

1.1 适用范围

本指南适用于安徽省水运重点工程建设项目(港口、航道、船闸等)新建、改建及扩建工程，其他类型水运工程项目可参照执行。

1.2 实施原则

1.2.1 突出精细管理

大力采用先进、成熟的施工工艺和管理方法，对规范规定的关键性操作与要求，严格操作规程，注重细节管理。

1.2.2 鼓励创新管理

积极鼓励新技术、新工艺、新材料、新设备等“四新”在水运工程中的技术推广应用，正确处理好质量、造价、施工易操作性和新技术的关系。

1.2.3 强化过程管理

坚持系统的质量安全管理方法，强调在施工中的全员管理，全过程管理。

1.2.4 注重目标管理

做好工程项目管理的策划或顶层设计，制订不同单位、不同过程的阶段性目标，狠抓措施落实，引导信息化管理、健康监测等先进技术在工程建设中的应用，不断提高管理效果。

2 术语

2.0.1 水运

船舶在海洋、江河、湖泊、水库和运河等水域沿一定的航线载运货物和旅客的运输方式，又称水路运输。

2.0.2 水运工程

为水运服务包括港口工程、航道工程、航标工程、通航建筑物工程、修造船水工建筑物工程、安装工程和支持系统及其辅助和附属工程等在内工程的总称。

2.0.3 航道工程

以延长通航里程、提高航道标准、改善通航条件和保障航道畅通为目的的疏浚、整治、渠化、运河、航标、清障等工程的总称。

2.0.4 港口工程

新建或改建港口建筑物和设施的工程活动，包括码头、防波堤、导航设施(航标、灯塔等)和港区护岸、道路与堆场等。

2.0.5 船闸

在航道中，利用集中水位落差，便于船舶顺利通航的建筑物。

2.0.6 水运精品工程

具有优质工程、平安工程、绿色工程内涵的全寿命周期工程，其特点是：工程质量优良、规划设计优秀、项目管理科学、造价经济合理、运营安全舒适、环境友好和谐。

2.0.7 水运生态设计

按照生态学原理，以不破坏或少破坏环境为理念，在设计中采用保护沿岸、港区、船闸区等区域生态环境，保持生态平衡等一系列设计方案。

2.0.8 健康监测

用现场探测的应力和应变等量测数据，分析评价施工或运行中水工建筑物的受力及变形状态，以检验、调整、优化设计或施工方案，确保施工过程或运营过程安全。

3 勘察

3.1 基本要求

3.1.1 勘察工作原则

(1)按照水运工程地质勘察新理念的要求，全面落实“实用、安全、经济、环保”原则，不断提高勘察质量。

(2)根据工程的类型和规模、勘察阶段、场地工程地质条件和当地勘察经验，确定合理的勘察周期和勘察工作量。

(3)勘察与设计相结合，勘察深度应满足设计要求。

3.1.2 勘察单位质量管理

(1)勘察单位应对勘察质量全面负责。应完善内部质量保证体系，确保工程地质勘察质量满足要求，确保基础资料全面、真实、可信。

(2)应根据相关技术标准规范的要求，针对项目区域地形地质特点及工程建设需要，提出地质勘察工作量、勘察重点及勘察费用，编制工程地质勘察大纲。

(3)勘探点类型、位置、密度，取样深度、各勘探点数量及比例等必须严格遵照规范要求实施，并满足工程设计要求。

3.1.3 勘察工程地质测绘

工程地质勘探前，所有工程应进行工程地质调查，对工程地质条件复杂地段应进行工程地质测绘。

3.1.4 不良地质勘察

工程区域及其影响区存在影响工程安全的泥石流、滑坡、危岩和岩崩、岩溶、流沙等不良地质作用时，以及存在可能危及工程安全、施工难度或工程效果的软土、膨胀土等特殊性岩土时，应开展专项勘察。

专项勘察应查明其分布类型、范围、地质背景及其危害程度，做出分析评价，并应提出处理措施建议。

3.1.5 原位测试

(1)下列情况需采用原位测试：室内试验条件与工程实际相差较大；不易通过室内试验确定的参数；当基础的受力状态比较复杂，计算不准确而又无成熟经验时，整体基础的原位真型试验比较简单；对工程的稳定和安全有重要影响的关键岩土参数。

(2)原位测试成果应与原型试验、室内土工试验及工程经验等结合使用，并应进行综合分析。

3.1.6 抗震地区

抗震设防烈度等于或大于 6 度的地区，需进行场地和地基的地震效应勘察，并提出对应的抗震设计建议。

3.2 技术要点

3.2.1 航道工程

1)一般要求

航道工程地质勘察各阶段所采用的勘察点位、剖面位置、密度需满足航道工程相关规范规定要求，在进行航道纵横断面勘察时，各阶段均应满足相应规范要求。

2)试验要求

重点航道工程，主体建筑物地基必须通过原位测试和室内试验相结合的方法确定岩土设计参数，必要时应进行反分析，复杂地层需开展研究；对于软土地基应进行高压固结试验，膨胀土应增加自由膨胀率、膨胀率、膨胀力、收缩系数等试验。

3)专项勘察

航道工程在以下情形，应针对不良地质作用和特殊性岩土开展专项勘察：泥石流、滑坡、危岩和岩崩、岩溶、流沙以及软土、膨胀土等。专项勘察成果需经专家评审。

4)基建性疏浚工程

基建性疏浚工程地质勘察范围应包括疏浚区上下游各 500m 并不小于 2 倍的河宽、左右两侧各 200m 区域并必须包括堤岸段。当疏浚可能影响堤岸安全时，勘察范围应适当扩大，同时，应对边坡稳定性进行评价。对于重要参数或设计中需解决的关键工程地质问题，应采用钻探并结合原位测试的方法进行。

5）整治筑坝工程和护滩工程

整治筑坝工程和护滩工程地质勘察应查明筑坝、护滩区域和设计航道浅区岩土的物质组成及其物理力学特性，重点查明坝基区域影响坝体稳定性或沉降量大的软土层的分布及物理力学特性。同时，需在对应岸坡位置布设必要的钻孔点，并对岸坡稳定性进行评价。

6）吹填工程

吹填工程地质勘察应根据工程特点，采取原位测试和室内试验相结合的方法，查明取土区和吹填区施工可能对岸坡稳定性的影响程度。

7）运河开挖工程

运河开挖工程地质勘察，应查明沿线陆域和水域开挖区可能影响工程安全的特殊性岩土和不良地质，同时应进行河床、滩地、堤（坝）体等受水力冲刷部位的土质冲淤特性试验。重点工程应做专项勘察，并应对岸坡稳定性进行评价。

8）护岸工程

护岸工程地质勘察应以岸坡和航道等工程的安全为核心，重点查明护岸、护脚区的岩土分布组成物性质、冲淤特性及分布，以及对岸坡和护岸等工程的安全影响，必要时应进行原位测试和土质冲淤特性试验。

9）航道标志工程

航道标志工程地质勘察应查明航标区地基承载力是否存在滑坡、崩塌等不稳定坡体。

10）堤防工程

（1）堤防工程，堤防勘探纵剖面宜沿堤防中心线或防渗轴线、减压井轴线布置。可行性研究阶段勘探点间距宜为500～1 000m，初步设计阶段宜为100～500m，险情多发、工程地质条件复杂或防洪墙段应适当加密勘探点。堤防勘探横剖面宜垂直纵剖面布置。横剖面间距宜为堤防中心线纵剖面上钻孔间距的2～4倍，横剖面上的勘探点数量宜为2～3个，险情多发段、工程地质条件复杂地段应适当加密。勘探点深度宜为堤身高度的1.5～2.0倍；当相对透水层或软土层较厚时，孔深应适当加深并能满足渗流与稳定性分析的要求。

（2）水利工程，施工图设计阶段布设的钻孔点应满足纵剖面孔距不大于50m，横剖面不少3孔（堤顶中心线1孔、堤内和堤外各1～2孔），钻孔进入堤基深度不小于堤身高度的1.5~2.0倍，纵、横剖面中的控制性钻孔不少于1/2。获取原状样钻孔数不少于1/2，取样间距和标准贯入测试间距不大于1.5m，复杂地层应加密。

3.2.2　港口工程

1)一般要求

(1)港口工程勘察各阶段应严格按港口工程相关规范规定执行，涉及水利水电工程的还应符合水利水电工程相关规范规定。

(2)对于可能影响到港口安全及施工的不良地质、特殊性岩土，应进行专项勘察，根据工程需要进行场地和地基的地震效应、桩基、岸坡与边坡、基坑工程、天然建筑材料、地基处理、地下水以及滑坡等专项勘察。

(3)港口工程宜垂直岸线或平行于水工建筑物长轴方向布置勘探线，勘探线和勘探点间距应根据工程需要、地貌特征、不良地质和岩土状况等确定，在岩和土接合处以及地层变化较大处适当加密。

2)陆域勘察

港口工程陆域勘察重点是建筑物地基和堆场区。堆场区应采取点面结合的方法布设钻孔，控制性勘探点和取样钻孔点占总勘探点的比例应执行标准上限，即初勘阶段和详勘阶段分别达到1/3和1/2，且每座建筑物应布设不少于2个控制性勘探点。

3)水域勘察

港口工程水域勘察应按照主设的水工建筑物结构形式区别对待，同时兼顾岸坡稳定性对港口建筑物的影响。

4)地震效应专项勘察

港口工程场地和地基的地震效应专项勘察，应注意建筑物抗震地段的选择。当场地可能发生或曾发生过滑坡、崩塌、地基液化以及不均匀沉降等不良地质作用时，应评价其地震稳定性，必要时应测定地基土体的抗液化剪应力等动力性质指标。

5)桩基工程专项勘察

港口工程桩基工程专项勘察，应注重查明岸坡形态、冲淤变化及岸坡稳定性，分析桩基施工对环境及边坡稳定性的影响，评价沉桩、成桩可行性，提出设计及施工中需注意的问题及建议。宜采取多种原位测试和室内试验相结合的方法确定地基岩土的工程特性参数。拟进行桩的水平力试验区域在地表下16倍桩径深度范围内，每间隔1m应进行土样的物理力学试验。当需要应用p-y曲线法验算水平力作用下桩身内力和变形时，应采用三轴仪进行试验。

6)岸坡与边坡专项勘察

港口工程岸坡与边坡专项勘察，应查明地形地貌和危及岸坡与边坡稳定性的滑坡、危岩、崩塌、岩溶等不良地质作用、成因和发育情况，采取工程地质调查或测绘与勘探、测试(含原位)相结合的方法进行，勘探点深度应穿过潜在滑动面进入稳定层5m，岸坡与边坡稳定性计算所需岩土物理力学指标宜根据测试成果、反分析和当地经验综合确定选用。

7)基坑工程专项勘察

港口工程基坑工程专项勘察，应对基坑的地下水条件、基坑边坡的局部稳定性、整体稳定性和坑底抗隆起稳定性进行分析和评价，应采取原位测试和室内试验相结合的方法确定岩土的工程特性参数。

8)滑坡专项勘察

根据室内和原位测试结果，对坡体稳定性进行综合评价，预测滑坡发展趋势，并提出防治建议。

3.2.3 船闸工程

1)一般要求

(1)船闸工程勘察各阶段所采用的勘探点、勘探线、密度应符合船闸工程和水利水电工程的相关规范规定。

(2)勘察范围包括通航建筑物船闸闸首、闸室、导航墙、靠船墩和上、下游引航道。

(3)勘察应依据建设要求实施，勘察成果应能充分揭示船闸闸首、闸室、导航墙、靠船墩基础底面处的岩性特征和土层、特殊性岩土层的强度和渗透变形特性，及开挖边坡的稳定性和开挖形成条件等。

(4)软土地基需提供固结系数指标，应进行测定地基土层的直剪、无侧限抗压强度等抗剪强度指标、渗透变形特性等试验。

2)勘探布线

需在船闸闸室中轴线两侧各10~20m或两侧闸墙基础位置平行布设纵向主勘探线，在上、下闸首各设1条以上横向勘探线，其中应各有1条主勘探线，闸室内设1~4个横向勘探线，上、下游引航道各设1~3条横向勘探线。

3)岩基勘探孔

岩基勘探孔深度应进入船闸闸首、闸室基础底面以下，并进入中风化岩层(极软岩参考土基）不少于 5 ~ 10m；土基勘探孔深度应进入基础底面以下 1.5 倍底板宽度，并进入下卧承载力较高的土层或相对隔水层不小于 5 ~ 10m。对于上、下游引航道勘探孔深度，岩基应进入河底高程以下 1 ~ 2m，土基应进入河底高程以下 3 ~ 5m。

4）试验要求

船闸工程主体建筑物地基采用原位测试和室内试验相结合的方法确定土体强度参数，必要时应进行反分析方法综合确定，复杂地层需专项研究。可采用声波、孔内电视、摄影、综合测井、地质雷达、原位载荷试验等岩基或土基勘察手段。

4 设计

4.1 基本要求

(1)贯彻“以人为本、安全至上”理念。应加强建设条件复杂的水运工程设计质量控制工作，针对目前气候异常、水灾频发的情况，要重视水运工程建设区域气象、水文、地质等建设条件的调查，提高结构抗灾、减灾能力。对于建设条件复杂、技术难度大的水运工程，应进行两院互审及召开专题论证会。

(2)贯彻“资源节约、综合利用”理念。在设计中尽量减少土地占用；水运工程设计应注重节约资源，集约利用岸线和土地资源以提高利用率，开发人工岸线需经充分论证；应进行节能设计和实现水的循环利用。

(3)贯彻“全寿命周期成本”理念。把提高建设质量和耐久性放在首位，确定符合实际需求和经济能力的建设方案；控制工程投资，在精心设计、优化设计上下功夫。

(4)规划协调性及相关论证。

建设规模应与区域发展规划、江河流域规划、土地开发利用规划、水资源规划相协调；航运工程应在可行性研究阶段完成水资源论证，合理可行后方可实施；应注重水运工程与工程建设区其他已有或规划中水运、水利、交通等工程的交叉影响，保证工程与相邻工程及规划相协调。

(5)生态环境。

注重环境保护和水土保持，必须进行环境影响评价和水土保持方案编制，按照“三同时”原则实施环保措施和水土保持措施，对于可能危害到环境的工程建设应有对应预案；设计中应考虑生态和景观要求。

(6)设计单位质量管理。

①设计单位对设计质量全面负责，要完善内部审查质量保证体系，确保设计文件深度满足相关规定要求、基础资料全面可信。承担总体设计的设计单位要按照要求编制并报批设计大纲和设计指导书，经审批后作为技术指导性文件。

②设计单位在项目运作过程中，对项目质量进行有效的控制、监督和指导；适时

组织方案评审、外业中间检查、外业验收、最终产品验收等活动，并形成评价报告。根据设计审查意见优化设计方案，最终成果经过外部(或内部)验收。

(7)实施精细化、标准化设计。对于工程容易产生裂缝、渗水等质量通病的关键部位应注重方案优化设计并注重细部设计。

(8)对于软基地段，应结合地质勘察成果进行专项设计，对不同处理方案经充分比选、论证后选用。

(9)重视科研与创新，对于复杂的大型船闸或港口、航道等工程的设计项目，建议在设计前期开展专项科研工作，在设计中注意应用科研成果。

4.2 航道工程

4.2.1 总体设计

(1)航道工程设计要坚持以航为主的理念，根据不同地区的经济社会和自然条件，因地制宜，采取有效措施，合理开发和保护内河水资源，为水运安全畅通提供良好条件，为可持续发展留有空间。

(2)航道总体布局应综合自然条件、水利规划、电力开发、港口规划、安全保障和维护管理等因素；并注重水运与公路、铁路、航空、管道等运输方式的合理布局。

(3)根据运量预测、设计船型、航道等级、通航水位保证率和设计通过能力分析等，各方面应协调，合理确定航道工程建设规模。

(4)线路走向和断面方案应着重考虑节约土地，尽量不占或少占用耕地，最大限度减少压废土地，尽可能创造土地复耕条件，尽量降低工程对两岸居民影响，体现以人为本的原则。

(5)应结合航道工程建设，配套建设水上服务区，完善航道标志标牌功能，同步加强航道信息化管理，提高航运管理水平。

(6)航道工程要有利于改善沿线两岸的生态环境、人居环境，满足观赏性方面的要求和体现地区人文景观的要求。

4.2.2 建设标准与规模

(1)航道通航标准应根据航道规划、现状条件、运输需求及船舶干支联动要求等因素综合分析，通过多方案技术经济综合论证确定。拟建工程如不能按规划的航道通航标准建设，应开展建设标准的论证工作。

(2)设计船型应根据区域航道网的有关港航条件、运量预测需求等提出，应兼顾规划船型、标准船型及现有运输船舶，禁止选用限制、淘汰型船舶。

(3)航道尺度选择应进行技术经济综合论证，符合国民经济发展和安徽省水运发展对航道建设的要求。

4.2.3 航道水位

设计阶段的航道水位应包括河段设计最低通航水位、设计最高通航水位、常水位、施工水位。应根据天然航道、人工航道(包括渠化航道和运河航道)各自特点、航道控制性建筑物(闸、坝、通航建筑物等)，并结合水资源论证成果进行通航水位分析论证。

对于水文条件复杂多变或历史水位资料较少的航道，通航水位应考虑规划或设计水平年内水位变化趋势对通航水位的影响并留有适当富裕。当航道及相邻河网按规划建设后的水文条件与历史水位资料发生明显变化时，应通过分析研究，并通过暴雨、径流、潮汐组合情况下河网水利计算确定，历史水位资料可作为校验。航道设计通航水位还需服从水行政的管理。

4.2.4 航道选线及平面布置

(1)航道选线在满足船舶航行安全的前提下，结合总体规划、自然条件、工程费用、外部条件和维护费用等因素综合分析确定。在保证堤防安全的前提下，应尽量利用天然水深，避免大量开挖岩石、暗礁和底质不稳定的浅滩，并对航槽稳定性、航道泥沙回淤做出系统论证。

(2)对于必须开挖岩石、暗礁和底质不稳定的浅滩，水流不稳区域以及其他复杂的节点处，重点工程须建立物理模型或数值模型进行试验论证和优化。对于长河段和重要河段的航道，宜对河势演变进行专题研究，预测在航道生命期内河势演变过程。

(3)航道的轴线应避免多次转向，当受地形、地质条件限制等需多次转向时，宜采取减小转向角、加长两次转向间距、加大回旋半径或适当加宽航道等措施。

(4)穿越防波堤口门和桥梁等水上建筑物的航道段，应具有足够的直线段长度。

(5)转弯段航道的最小弯曲半径应根据弯道水流情况、船舶尺度、船舶操作性能和船舶航速等因素经分析确定。对于有条件的航道应以顶推船队尺度确定航道转弯半径；难度较大的航道可在对代表船型充分论证后，采用单船或拖带船队尺度确定航道转弯半径，还可采取减小弯曲半径增加底宽等措施。

4.2.5 航道有效宽度

(1)航道有效宽度应根据自然条件、设计代表船型的尺度、通航密度、通航标准、安全运行等因素经分析确定，对水流、泥沙条件比较复杂的弯段，宜进行实测观测、河工模型试验、船模试验。

(2)航道尺度应根据航道类别、航道等级和代表船型确定。对于双线航道，开敞航道的断面系数不应小于7，闸控航道的断面系数不应小于6。

4.2.6 数学模拟和模型试验

(1)航道整治工程的水流泥沙模拟应包括物理模型和数学模拟，在整治工程研究中应区别不同情况合理采用。对于相对单一的较长河段，可采用一维数学模型；对于水面宽阔的河段和潮汐河口段，宜采用二维泥沙数学模型计算；对于水流流态复杂或冲淤变化较大的河段宜采用河工模型试验。

(2)数学模拟及模型试验范围应包括航道整治工程可能影响的范围，模型进出口位置宜在稳定所需的河道范围之外。对数学模拟应采用实测河道地形资料和水文、泥沙资料进行参数率定和模型验证；对模型试验应在正式试验前对水面线、流速流态和河床冲淤地形进行验证试验。

(3)航道数学模拟及模型试验研究需依据水运工程和水利工程相关规范、规程进行，并基于不同控制工况，合理设置边界和初始条件，分析工程建设可能对航道流态、泥沙等的影响，优化设计方案，对工程建设进行评价并提出改进措施。

4.2.7 航道整治工程和整治建筑物

(1)长河段和重要河段的航道整治应分析研究河段内各滩险的碍航特点及演变规律，依据水下测绘、探测等技术手段获取基本资料，通过多方案比较，确定经济合理的整治方案。

(2)航道整治工程应满足水资源综合利用的原则和河床演变规律，进行全河段总体规划和设计，局部滩险整治应服从全局。

(3)航道整治工程应注重与其他工程建设的关系，拟建或在建枢纽工程河段上的航道整治，应对枢纽工程可能造成的水沙条件变化、河床冲淤变形和枢纽工程调度运行对航道造成的影响进行分析研究。

(4)对滩势复杂、整治难度较大且缺乏实践经验的河段进行航道整治时，应依据物理模型和数学模拟试验结果采取相应的整治措施。必要时可安排试验性整治工程，取得试验成果后，再进行全面整治。

(5)整治湖区航道应重点依据对浅滩的成因和演变规律的分析，浅滩整治宜采取疏浚并结合筑坝(必要时)的工程措施；整治桥区和港区航道应掌握河床演变规律和考虑船舶在桥区和港区航道安全航行、穿行和靠离的要求，桥区航道整治应采取不同的工程措施固定边滩、保护上下游河岸、稳定航槽和归顺通航桥孔的水流流向；港区航道整治应以确保主航道畅通为前提。

(6)所有整治建筑物及护岸工程必须进行稳定性和变形分析，需考虑复杂水力条件对建筑物稳定性的影响，需考虑底质冲刷、建筑物局部冲刷。

4.2.8 疏浚和吹填工程

(1)疏浚和吹填工程设计应从挖掘、提升、输送、处置或利用等方面进行全面分析。

(2)应尽量对疏浚土加以利用，包括淤泥固化及特殊土加工、陆地吹填、填塘固基、修建人工岛和营造鸟栖息地等。疏浚土的处理方案应得到规划部门、城建部门和环保部门的同意，抛泥区或弃土区占用农田应同步进行土地复耕方案设计，并取得国土部门、水务部门的同意。

(3)在疏浚工程设计中，应对疏浚可能造成的某些环境影响进行分析，包括影响范围和类型，影响程度的测定和控制。应从疏浚现场、运泥路线、抛泥区三个主要环节确定其直接或间接影响的距离和范围。当疏浚工程中存在污染土时，疏浚设计应了解疏浚土污染的来源、污染程度、污染史和污染物在疏浚土中的分布状况，进行必要的化学、生态分析和试验。

(4)疏浚工程设计必须对边坡稳定性进行分析计算，应根据土质特性和水力动力条件确定水下边坡的稳定性。有条件时可就水流、潮流、波浪对边坡稳定性的影响进行专项研究。

(5)疏浚工艺应满足工期合理、投资节约、施工安全、降低能耗和减少环境影响的要求。

(6)疏浚船机应根据自然条件、疏浚工程量和岩土特性合理配布，并满足疏浚工程尺度、工程质量和泥土处理的要求，疏浚与吹填工程设计时，应采用疏浚设备实际的性能技术数据。

(7)吹填工程设计应充分掌握水文、气象、疏浚区及吹填区的土质条件，根据吹填用地的目的、使用时间和吹填高度，采取最经济的吹填方法。吹填工程设计中，特别应注意吹填土的固结和吹填区沉降，分析堤坝和围埝的稳定性。

(8)疏浚与吹填工程的设计中，宜开展必要的工程安全监控设计，避免可能的滑坡、崩岸、溃坝等灾害。

4.2.9 护岸工程

(1)滩岸受水流、波浪、潮汐和船行波作用可能发生冲刷破坏的河段，应采取防护工程措施。防护工程设计应统筹兼顾、合理布局，宜采取工程措施与生物措施相结合的防护方法。

(2)进行护岸工程设计时，应充分考虑自然条件及技术要求，注意地基变形和稳定性，保证航行安全，合理选择护底和护滩结构形式(必要时需进行抗冲刷防护效果水力模型试验)，进行护坡、护岸、护底等结构设计，满足护岸工程稳定性、安全性、适用性和耐久性要求。

(3)护岸工程设计中必须考虑生态保护和修复，开展生态设计。生态设计应基于生态理论、根据工程条件、结合当地成功经验选择合理结构形式。对大中型、重点工程或工程的重要节点必须设置试验段，宜进行物理模型试验开展可行性专项研究。应针对不同结构提出合理可行的设计和施工控制指标。护岸工程设计中还应考虑亲水因素。

(4)护底和护滩设计应综合考虑功能需求、自然条件和材料来源等因素，合理选择结构形式及相应的施工工艺；并应根据冲刷坑计算、模型试验，通过综合分析法确定排体尺寸；计算分析排体结构的稳定性；护底和护滩的材料尺寸和重量应满足抗冲稳定性的要求。

(5)护岸工程设计主要内容应包括确定设计标准、计算结构断面各部位的强度与稳定性、构造设计、护底设计、整体稳定性验算及地基沉降计算；必要时应通过模型试验验证。

(6)内河航道护岸与护坡应进行整体稳定性、冲刷变形和渗流稳定性的计算与验算，并应按施工期和使用期最不利荷载组合进行。

(7)护岸工程设计应合理选择建筑材料，注重防渗、排水、反滤等特殊要求。

4.2.10 导助航建筑物工程

(1)助航方式应根据航道条件，结合船舶装备和技术的发展，合理选择。内河助航标志与交通安全标志、桥梁警示标志应相辅相成，互为补充。

（2）航道标牌应根据标牌的不同种类为航道使用者提供正确、及时的信息；应防止出现信息不足、过载或相互矛盾的现象；应充分考虑航行船舶易于发现和判读标志，能及时采取安全保障措施的地方；应设置在航行正面方向最容易看见的地方，原则上设置在航道的右侧；里程牌应左、右相对而设；桥梁净高提示牌应在桥梁上、下游对应设置。

（3）导助航设施布置设计应建立完备的信息联络和安全预警系统，实现自动化和信息化。加强航标的自动化和信息化建设，实现对航标业务及信息数据的规范化、智能化管理。沿线应设置通航、禁止追越、地名、里程和指向等标志。

（4）内河航道的有关信息宜在内河助航标志上标示，在电子显示牌上滚动显示或通过管理信息系统发布。

（5）航标等助航建筑物应推广太阳能电池、虚拟航标等新技术。

4.2.11 观测设计

（1）航道工程应根据工程重要性、水文、地质和管理运行要求，设置必要的安全监测设施。监测设施的设置应符合"有效、可靠、牢固、方便及经济合理"的原则。

（2）选定的观测项目和布设的观测点应反映工程运行的主要工作状况；观测断面和部位应选择在有代表性的区段，并应做到一种设施多种用途；应选择技术成熟、使用方便的观测仪器、设备；各观测点应具备较好的交通、照明等条件，观测部位应有相应的安全保护措施。

（3）对长河段和复杂多变滩险的航道整治工程，应进行施工期现场观测。应结合施工过程监控和效果预测进行设计，效果预测应包括整治建筑物、疏浚及河床变化、护岸建筑物和航道条件的改善程度等，观察指标主要包括水位、水流要素、变形、内力、结构尺寸等。当整治河段的河床地形、水流条件发生变化时，应对原设计中不相适应的部分进行局部调整。

4.3 港口工程

4.3.1 总体设计

1）设计原则

（1）明确港口发展方向和功能定位。合理开发整合、集约利用和有效保护岸线、土地等港口资源。实现布局合理、功能明确、集疏运快捷、管控一体、环境友好。突出现代物流的高度集约化、系统化、机械化、自动化、信息化。

(2)安全高效、以人为本为基本原则。充分考虑安全管理、节能减排及环境保护。

(3)坚持“工程全寿命周期”设计理念。积极应用国内外新技术、新工艺、新材料。在项目的整个寿命期对港口设计方案的经济性、耐久性、节能减排的合理性进行综合考虑。能源消耗和污染物排放也要从项目全生命周期内运行的角度进行优化设计。

2)选址

(1)应符合经济社会发展、地区经济开发和合理布局的需要；统筹兼顾和正确处理与相关设施之间的关系，并与城市规划、交通运输规划、土地利用规划等相协调；港口群内港口及同一港口不同港区功能相协调。

(2)应满足建港任务要求，并应做到技术上可行，经济效益、社会效益和环境效益良好，充分考虑岸线资源的有限性，立足长远发展。

(3)应选在河势、河床及河岸稳定少变，水流平顺、水深适当、水域面积足够、地质条件良好、抗震有利，并应具备船舶安全营运和锚泊条件的河段。建港条件不利位置，设计应采取相应的工程措施，减少不利因素的影响。

(4)选址应避开塌陷、采空区等不良地质。

3)总平面布置

(1)港口的总平面布置应分析气象、水文、地质、地形、地貌等自然条件。工程所在水域条件较复杂的，确定码头岸线、港池等布置方案应进行模型试验等研究。

(2)总平面布置方案应满足船舶安全航行及靠离泊要求，应进行通航安全专题论证。

(3)水域平面布置及主尺度应满足船舶安全航行、制动、掉头和靠离泊作业的要求。各组成部分布置在设计文件中均应阐明理由和依据。

(4)陆域布置应考虑港口货物和物流情况、自然条件，按生产区、辅助区等使用功能分区布置。各组成部分布置在设计文件中均应阐明理由和依据。港区陆域高程应与码头面高程、后方疏港道路和城镇规划确定的控制高程相衔接，并应满足当地防洪排涝的要求以及充分考虑填挖方平衡问题。港区陆域内建筑高度和各种设备高度应按城市规划的要求合理控制。

(5)锚地位置应选在靠近港口，天然水深适宜，床面平坦，锚抓力好，水域开阔，便于船舶进出航道，与已有建筑物和设施距离合适，并远离礁石、浅滩的水域。河港锚地不应占用主航道。

4)电气、控制设计

(1)电气设计采用的技术和装备水平应与港口规模、功能要求、当地的经济技术水平相适应，并应采用效率高、能耗低、经济适用的成套设备和定型产品，便于管理和维护。

(2)中断供电将造成较大经济损失的港口，应按二级负荷设计。对大型港口内导航设施、通信枢纽、安防系统及“三关一检”等重要设备供电可以按一级负荷设计。

(3)港口的电气设计，应考虑用电容量、用电设备特性、供电距离、供电线路的回路数、用电单位的远景规划、当地公共电网现状和它的发展规划以及经济合理等因素。

(4)控制设计必须满足生产和安全的要求，并应简单、可靠，便于管理和维护。

5)防护建筑物

(1)考虑到波浪作用的复杂性，设计防波堤一般应借助水力模型试验进行验证。

(2)在自然条件满足的情况下，宜推广生态型护岸设计。具体的方案应进行论证或开展相关的试验研究。

(3)在生态型护岸设计中，应依照岸坡稳定、正常行洪、表面异质、材质自然、内外透水及成本经济等原则来进行。在满足需求的前提下，使工程结构对河流的生态系统冲击最小化。

6)其他附属设施

(1)港口交通、供电、给排水、通信、污水处理、消防等应考虑与市政工程的衔接，港口生活、维修、供油等公共服务宜考虑社会化。

(2)辅助区生产建筑物和生产管理、监管等设施应根据港口性质、规模以及地形、气象、水文等因素合理布置。

7)景观设计

(1)港口区域景观设计要与城市特色相协调，统筹考虑城市总体规划或相关专项规划，从而实现生产、生活与生态之间的和谐，营造优美港口城市。

(2)港口景观设计主要内容可包括天际线规划、亲水护岸规划、绿地系统规划、疏港交通及步行路规划，水工建筑物、临岸建筑与设施、港口办公区域及生产作业区规划，港口码头夜景灯光规划等，这些专题研究或规划有的可以单独进行，有的需要在其他专项规划中体现出来。

(3)港口区域的景观评价分为港口规划的景观生态评价与景观设计质量评价，前者着眼于区域规划的宏观层面，而后者则是从景观设计的微观层面入手。可从与周围环境的协调性、方案设计的合理性与实用性、美学观赏性、与人心理的适应性等方面来评价。

(4)港区人工植被(树木、灌木丛、绿篱、地被、草坪、花镜等)的选择和布局要符合整体规划的要求，同时应满足功能的需要。

8）节能设计

（1）节电措施

①在总容量不变的情况下，可根据设施利用的实际情况，配多台变压器，以便根据负荷情况全部或部分投入运行，减少空耗，使设备尽量在负荷高效区运行。

②采用现场和集中补偿的方法，提高功率因数，降低变压器无功功率，安装抑制谐波设备。

③合理确定电缆截面，减少低压配电系统的线路损耗，配电线路采用单相供电时，考虑三相平衡。

④配电变压器尽量安排在负荷中心，缩短低压线路的长度。

⑤选择合理的装卸工艺流程，集装箱堆场使用优秀的控制软件，减少操作环节。

⑥码头、道路、堆场的照明应合理控制，避免不必要的照明用电，码头及堆场作业尽可能安排在白天进行，利用自然光源。

（2）节水措施

①坚持“开源与节流并重、节流优先、治污为本、科学开源、综合利用”的原则，合理配置水资源。

②港口工程应积极利用循环水，充分利用水资源。

③港口企业应绘制排水平面图，水平衡网络图，配备一、二、三级各种水表，建立用水台账，进行水平衡测试工作，并取得管理部门认可。

④推广采用节水技术，推行节水用水器，提高用水效率，节约水资源，采用相关装置或设施保证冷却水的循环和使用。

⑤采用密封性能好的阀门，杜绝跑、漏水现象，生产和生活用水应分别计量，防止滥用水源。

⑥选择节水龙头关键看开关速度，灵敏的控制开关可缩短水流时间，节约水流量。

（3）节油措施

①选用能效优先的牵引车、半挂车、叉车等。

②尽量减少车辆空驶。

③加强对设备油耗考核。

④针对水平运输能耗较高，对集装箱半挂车、叉车等运输设备可采用油改气，使用高效能内燃机等措施。

(4)建筑节能措施

①建筑强化自然采光设计，墙体上采用高、低双层采光窗，以便节约电能。

②建筑物的朝向应尽量采用南北向或接近南北向。

③条式建筑物的体形系数不应超过0.35，点式建筑物的体形系数不应超过0.40。

④维护结构各部分的传热系数和热惰性指标应符合有关规定。其中外墙的传热系数应考虑结构性冷桥的影响，取平均传热系数。

9)环保设计

(1)港口工程环境保护设计必须贯彻节约用地和节约能源的方针，执行国家或地方的环境质量标准、污染物排放标准。应积极慎重地推广先进的防治污染技术。

(2)港口工程选址应符合区域环境规划或城市环境规划的要求，应考虑风向和水流对环境的影响。

(3)新建工程总图设计应满足环境工程、卫生防护距离的要求。港口工程的工艺设计应采用低污染或无污染的工艺流程和设备。

(4)港口应配备船舶油污水、生活污水、生活废水、雨水、固体废弃物的接收和处理设施，其规模可根据需要确定。新建工程的生产废水、生活污水和雨水应采用分流制排水系统。生产废水、生活污水应进行处理，达到排放标准后，方可排入城镇排水或直接排入水体。当港口排水指标达不到排污标准时，应设计污水处理站，以满足排污标准。

(5)港口码头的服务设施设计，应考虑粉尘和废气、噪声、固体废弃物的处置。

(6)新建、改扩建港口应保证绿化系数，并应进行防护绿化和环境绿化的设计。

(7)石油港口码头应制订事故溢油清污应急措施，设置防止溢油扩散设施、溢油回收及消除设施。

(8)港口施工期间，应确定防治生态破坏和施工污染的措施，有效处理好生产废水以及施工期间所产生的弃渣等问题，并且也要有效地控制好粉尘以及噪声所造成的环境影响，保护植被生存环境。

4.3.2 码头建筑物

1)总体设计

(1)码头布局应根据地形、地貌、地质、气象、水文等自然条件和周围水域的利用状况确定，并综合考虑防洪影响等因素。应充分考虑与已建成码头及远期规划码头的合理衔接及施工的可行性。

(2)码头平面布置应满足船舶靠离泊位的安全、便利和装卸作业的要求。应充分考虑与水域设施及防护建筑物等的协调，并应考虑码头建成后对周边环境产生的影响。

(3)码头前沿线方位的确定应综合考虑波浪、水流、风、地质、地形、相邻构筑物等因素。

(4)泊位长度和港池水深应根据设计船型的尺寸和船舶安全作业所需的富裕尺度确定；码头前沿高程应以“投资节省、结构可靠、使用安全”的原则，根据泊位性质、设计船型、装卸工艺、水文气象条件、防汛要求、掩护程度、码头结构形式以及后方陆域高程的衔接等因素综合确定。

(5)码头及栈桥上构筑物尽量采用混凝土，减少钢结构。

(6)应做好结构细部构造的设计，并在施工图纸上加以强调说明，避免码头建筑物的质量通病。

2)重力式码头

(1)基础应根据地基情况、施工条件和结构形式确定。

(2)墙身应沿长度方向设置变形缝。变形缝宽度应根据气温情况、结构形式、地基条件和基床厚度确定，一般宜为20～50mm，须做到缝宽一致、填缝密实。

(3)墙后应设排水管，为防止回填料流失，应设置倒滤结构。

(4)根据使用功能设计不同高度胸墙的优化方案，即在布置护舷的一个仓格范围内，采用高大断面胸墙，其他仓格上的胸墙在满足管沟布置、结构受力的条件下采用高度比较小的胸墙。

(5)抛填棱体的材料应优先选用块石或当地产量大、价廉、坚固、质轻、内摩擦角大的其他材料。棱体顶面应高出预制安装墙身0.3m以上。

(6)为防止轨间混凝土大板发生位移和沉降，可采取先施工铺砌面层，待码头主体和其后的填筑材料位移、沉降趋于稳定后，拆除铺砌面层，再施工混凝土大板。

(7)当后轨轨道梁正下方位于抛填棱体和倒滤层断面范围以外，或只是穿过抛填棱体和倒滤层坡脚处时，后轨轨道梁基础宜采用桩基。对于既不能夯实又不能打桩的后轨轨道梁，在保证设备正常安装和运行安全前提下，后轨宜预留较大沉降量。为使前后轨轨距在发生位移变形后能够调整为正常使用的轨距，应适当加大轨道梁尺度。

3)板桩码头

(1)锚锭结构形式和位置应根据码头后方场地条件和拉杆力大小等因素选定。

(2)地下连续墙接头形式宜设计成刚性接头。

(3)进行锚锭墙稳定性验算时，宜区分连续锚锭墙和不连续锚锭墙，并应综合考虑固结和排水情况。

(4)保证拉杆或锚定结构承载力，避免拉杆断裂或锚定结构承载力不足造成锚锭失稳。保证板桩墙入土深度和拉杆长度，避免板桩墙失稳或板桩码头整体稳定性破坏。

(5)板桩内力计算应考虑锚旋点位移对板桩内力的影响。

(6)码头形式应优先采用遮帘式板桩码头、半遮帘式板桩码头及分离卸荷式板桩码头等新型码头形式，以适应码头大型化和深水化的发展。

4)高桩码头

(1)分段长度应根据使用要求、地质条件、当地温差并结合承台宽度等因素确定。

(2)结构宽度应根据使用要求、地质条件、接岸结构等因素确定。

(3)接岸结构形式应根据码头宽度、水深、地质条件、施工工序等因素综合比较确定，并应采取必要的措施减小接岸结构变形。

(4)布设在软弱地基上时，应采取措施减少岸坡土体变形对基桩和接岸结构的影响。同时应综合考虑相邻结构段之间存在缝宽，边排架的最大内力和位移相应增大，相邻结构段约束作用显著，以及端部段的约束作用会导致内力增大的影响。

(5)考虑桩基结构长期承受水平力的影响，除要保证桩的抗压承载力外，尚需满足桩的抗拔承载力，以避免使用期结构产生位移、开裂，严重影响码头正常使用及其耐久性。

(6)考虑负摩擦对桩基码头的不利影响，应合理确定桩基入土深度，以避免造成桩基沉降、上部结构开裂和位移，影响码头使用及其耐久性。

(7)窄短的受力平台段，特别是结构端部段，应布置纵向叉桩；横向叉桩的平面扭角布置应合理，保证码头纵向刚度，严格控制位移量。

(8)进行耐久性设计，保证混凝土强度、钢筋保护层厚度、接头混凝土质量等。

5)斜坡码头、浮码头

(1)斜坡道、引桥桥墩、坡顶挡土墙、桥台和岸坡等均应进行稳定性计算，岸坡整体稳定性计算应结合后方陆域形成方式及其使用荷载统筹考虑。

(2)接岸结构形式应根据地形条件和地质条件，结合后方陆域形成方式确定。

(3)在有较大波浪的湖泊、水库和江域建造时，应考虑波浪的作用，并采取有效的防浪措施。

(4)浮码头系靠5 000t级以上船舶时，应设置专门的消能设施。在水流条件比较恶劣或工艺有特殊要求时，系靠5 000t级以下船舶时也可设置专门的消能设施。5 000t级以上应设撑杆墩或定位墩。

6)码头附属设施

(1)快速脱缆钩的形式和数量应根据设计船型、系缆力、缆绳数量、码头平面尺度和操作系统等确定。

(2)码头防冲设备应根据其适用条件、码头结构形式、靠泊船型和靠泊方式及安装、使用和维修要求等，通过技术经济比较后确定。防冲设施的布置应保证船舶在设计水位和不同吃水条件下安全靠泊。

(3)码头设置的爬梯不得影响系、带缆作业；多层系船设施的各层平台间应设置爬梯。上下人员频繁的小型码头应在码头前沿或端部不影响装卸作业的地段设置阶梯；斜坡式缆车客运码头应设置阶梯通道，斜坡式货运码头应设置阶梯人行通道。

(4)码头边缘应根据需要设置护轮槛或护栏等防护设施，且不影响装卸作业。

7)码头系船设施

(1)码头系船设施应根据泊位功能、码头结构形式、设计船型、水位变幅和风、浪、流等情况进行设计，系船设施布置应避免对码头作业产生干扰。

(2)当风暴条件下有系船要求时，应设置风暴系船柱，其设置不得影响码头正常装卸作业。

8)复杂码头

对于复杂码头的结构设计，应积极开展组合形式码头结构的研究，探索组合结构受力变形规律，丰富复杂码头结构设计的创新结构计算方法。

4.3.3 港口水域设施

(1)选择港口航道轴线必须依据当地的水文、气象条件，并结合地形和地质条件的特点进行。

(2)提倡建立分道航行制，将反向航行的船流予以分隔，以减少船首正遇的范围；对经常处于自然条件恶劣，航道狭窄难于改善的情况，应明确配备拖船对较大型船舶助航。

(3)船舶回旋水域应设置在方便船舶靠离码头或进出港口的地点。其水域可以和航行水域共用。回旋水域的尺度应考虑当地风、浪、流等条件和港作拖船配备、定位标志等因素，并应满足规范要求。

(4)港内水工建筑物为直立式结构时，应注意结构造成的多次反射引起对港内泊稳的影响。当通过模型试验研究表明有泊稳恶化的情况时，则应采取消波措施。

(5)限制性航道水面较窄，为减少船舶靠离码头及回旋对航道的影响，水域尺度除要满足使用要求外，同时应尽量减少对航道通过能力的影响。

4.3.4 港口陆域设施

1）陆域形成

（1）港区陆域竖向设计应合理利用自然地形，减少土石方工程量，港区场地高程、道路坡度和排水系统等应与现状或远期工程相协调。

（2）港区陆域高程应与码头面高程相适应，并与相邻区域的市政交通设施相协调。

（3）港口地基的设计与处理应选择合适的地基处理方案，设计过程中，需充分考虑地基变形这一指标。

2）港口堆场

（1）要适应港区所在地的城市发展，尽可能地利用港口所在地的城市提供的建设设施。

（2）港口堆场应根据港区堆场的类别、使用要求、荷载情况、陆域形成、材料供应、施工能力、养护条件和自然条件等，结合实践经验，通过技术经济综合比较进行，合理布置堆场的大小及位置。

3）港口铁路

（1）铁路布置应与整体规划布置相协调；与城市规划密切配合；并考虑远景规划，留有发展余地。

（2）对铁路运量不大、车不多的港口可不设港口车站；对铁路运量很大的港口要设专门为港口服务的车站。

4）港口道路

（1）进港道路在临近港区主要出入口的宽度，应与港内主干道宽度相适应，长度根据具体情况确定；以公路运输为主的集装箱码头，进港道路的宽度由进出港通道数和行车形式确定。

（2）港内道路路面宽度应根据工艺要求、通行车辆和流动机械类型等因素确定；道路尽量布置成环形系统；道路尽头处设置掉头区。

5）码头引桥

（1）港口工程引桥设计要满足车辆荷载、水位、波浪、船舶撞击、管线、景观、施工条件、耐久性等因素的要求。

（2）引桥设计应考虑上游船只失控撞击桥墩的可能性，并设置防撞墩。

（3）所有桥墩、支座、梁体外侧表面应进行防腐处理。

(4)保证混凝土保护层的厚度，所有钢筋外侧保护层要求净保护层不小于5cm。

6)港口管线

(1)管线应综合考虑通信、高压、低压、给水、排水、消防等各专业的管道布置，尽量沿着堆场边缘、道路路肩和人行道布置，避免穿越建筑物以及可能塌方、滑坡等不良地质地段。

(2)架空线及管架的位置和净空高度，应不影响车辆及吊机的通行和作业要求，并与建筑物及其环境、空间相协调。

(3)港口给排水系统尽量利用城市供排水系统；港区主要管线环形布置；给水管线应到达所有用水点，并有足够水头；按最短线路供水，减少水头损失。堆场、道路、房建等交接处，面层以下的排水应统一接入港区排水系统。

(4)为避免管线综合出现差错，管线综合图中应绘出港区地上、地下构筑物，铁路，道路等，以利工程的顺利进行。

4.4 船闸工程

4.4.1 总体设计

船闸总体设计应以河流航运规划和航道定级为依据，并与枢纽总体设计相协调，处理好通航与水利、水电、过木、过鱼和城市建设的关系，做到水资源综合利用，远近结合，留有发展余地。

4.4.2 规模设计

(1)新建、扩建和改建的船闸级别与建设规模，应依据船闸所在航道的定级或规划等级，结合近期与远期客货运输量、船型、船队的情况，以及设计水平内各个不同时期的运输要求等，通过经济技术比较，综合分析确定。

(2)船闸的设计水平年应根据船闸的不同条件采用船闸建成后的20～30年。对增建复线、多线和扩建、改建困难的船闸，应根据远期运输要求，采用更长的船闸设计水平年。

(3)船闸尺度选择应符合国民经济发展和安徽省水运发展对航道建设的要求，必须满足以下要求：

①满足设计水平年内近、远期客、货运量通过的需要并有发展余地。

②近、远期设计船型船队一次过闸。

③船闸等级应与所在河流或河段的航道等级相一致。

④船闸尺度应标准化，以利于各河流或干支流互相沟通和水网化。

⑤工程全寿命周期内总费用最少。

(4)船闸有效长度、有效宽度、门槛最小水深必须满足船舶安全进出闸和停泊的条件。

(5)当闸室墙底设置护角时，护角在闸室有效宽度内的高度，不得影响船舶、船队的安全。

(6)船闸门槛最小水深应为设计最低通航水位至门槛顶部的最小水深，并满足设计船舶、船队满载时的最大吃水加富裕深度的要求。

(7)船闸通过能力应考虑一次过闸平均吨位、一次过闸时间、日工作小时、日过闸次数、年通航天数、运量不均衡系数等因素，通过计算确定。

4.4.3 设计水位、高程

(1)船闸上、下游设计最高通航水位、设计最低通航水位、校核高水位、校核低水位、检修水位和施工水位，应根据水文特征、航运要求、船闸级别、有关水利枢纽和航运渠化梯级运用调度情况，考虑航道冲淤变化影响、两岸自然条件和综合利用要求等因素，综合研究确定。

(2)涉及跨越船闸的桥梁、管道等建筑物，应满足通航净空与航运条件等的要求。

4.4.4 闸址选择

(1)闸址应选在地形、地质条件较好，且顺直、稳定、开阔、交通方便、便于取材和有利施工的河段。应与邻近的城市、工业布局相协调，保护文物古迹、名胜游览地和生态资源。

(2)对于建在拦河闸坝枢纽内的船闸，其地址选择要与闸坝枢纽地址的选择做统一考虑。船闸宜临岸布置，与溢流坝、泄水闸、电站等建筑物之间，必须有足够长度的隔流堤或隔流墙。枢纽泄水时，应满足引航道口门区和连接段的通航水流条件。船闸不应布置在紧邻的溢流坝、泄水闸、电站等两过水建筑物之间。

(3)新建第二线或第三线船闸时，其船闸中心线与已有船闸中心线应有足够距离；保证引航道口门区与主航道平顺连接；新建船闸施工不得影响已有船闸建筑物安全和运行。

(4)闸址距交叉河流口或支流口应有足够的距离，并应充分研究交叉河流的水文等条件及其对航行的影响。在有支流汇入的河段选择闸址时，尚应考虑支流开发、淹没损失、水文特征等因素。

(5)船闸严禁用作泄洪。

4.4.5 模型及数值模拟

(1)Ⅰ～Ⅳ级船闸和水流泥沙条件复杂的Ⅴ～Ⅶ级船闸的布置，应通过泥沙、水流物理模型或数值模拟研究确定。

(2)船闸物理模型试验和数值模拟，应基于不同控制工况，合理设置边界和初始条件，对设计方案进行评价并提出改进措施，以优化设计方案。

4.4.6 引航道、口门区和连接段

船闸引航道、口门区和连接段设计时，连接段应与口门区及主航道平顺衔接，引航道口门至主航道严禁采用反曲线连接；引航道、口门区及连接段的流速、流态应满足船舶、船队安全停泊和航行的要求；引航道内不应布置其他取水、排水设施，制动段和停泊段的水面最大流速纵向不应大于0.5m/s，横向不应大于0.15m/s；引航道、口门区和连接段内严禁装卸货物或布设客、货运码头及其他有碍船舶船队航行和停泊安全的建筑物；上、下游引航道外宜设锚地，有装载危险品船舶、船队通过的船闸应另设危险品船舶、船队锚地。

4.4.7 水工建筑物

(1)船闸水工建筑物结构形式应根据自然条件、使用要求、受力特征、材料来源和施工条件等因素，通过技术经济比较确定。船闸水工建筑物设计应积极慎重地采用新技术、新结构和新材料。

(2)闸首和闸室等挡水结构设计必须满足稳定性和强度要求，必须进行防渗和排水设计。

(3)进行船闸原型观测设计，需结合建设和管理进行，实现自动化和信息化。对于采用新技术、新结构和新材料，或者设计、施工经验不足的船闸必须进行监控设计并实施。

(4)进行大体积混凝土温度控制设计。

(5)进行船闸抗震设计。

(6)船闸结构计算应考虑运用、检修、完建、施工和特殊工况等情况。

(7)船闸混凝土结构应根据所在部位的工作条件、地区气候和环境等情况满足强度、限裂、抗冻、抗渗等要求。对有抗冲刷或抗磨等耐久性要求的重点船闸结构材料必须进行专门研究。

(8)船闸结构的回填料，应采用粗砂、中砂等填料，采用其他填料应根据实际情况，因地制宜，须经技术经济比较确定。

(9)混凝土或砌石结构的船闸，应采用材料力学方法验算应力。当闸墙较高或地质条件较复杂时，除应采用材料力学方法计算外，同时应进行模型试验或采用有限元法进行计算分析。

(10)土基摩擦系数采用原位基底摩擦系数试验方法确定；地基承载力采用现场原位测试和室内试验相结合的方法确定，必要时可采用反分析方法；地基基床系数参数应通过现场或室内试验确定；对处理后的地基承载力应通过试验专项研究确定。

(11)水工建筑物设计应进行土坡稳定性分析，以及变形稳定性监测设计，并应结合施工和后期管理实施。

(12)船闸的渗流计算可简化为平面问题。对大型和重要的船闸，宜进行空间渗流的试验和三维渗流场数值模拟研究。

(13)船闸闸室设计应根据结构形式合理简化和确定荷载作用。底板地基反力和内力可按弹性地基梁计算；当底板柔度指数大于 1 时，双铰底板地基反力和内力宜按带双铰的弹性地基梁计算。整体式闸室地基按弹性体假定计算底板内力时，应考虑边荷载的影响。

(14)闸首结构应采用整体式，采用分离式需经论证。输水廊道壁应根据廊道内流速、泥沙情况和运用条件等因素，采取适当的抗冲耐磨措施。大型船闸的边墩强度宜采用整体法计算，并配合模型试验进行分析研究。重要工程的闸首结构应采用有限元法计算，并配合模型试验分析研究。

4.4.8 输水系统

(1)船闸输水系统设计应在确保船舶、船队迅速、安全过闸的条件下，力求布置简单，做到远近结合、留有余地。同时应积极采用新技术、新形式，保证设计经济合理、技术先进，便于施工、管理和维修。

(2)船闸输水系统设计应将水力计算分析与水工模型试验相结合。输水系统的布置必须考虑泥沙淤积的影响，对重点工程的船闸输水系统应进行水工模型试验，进行水力计算时，必须考虑超灌超泄、阀门区气蚀和声振问题。

(3)船闸输水系统的水工模型应考虑缩尺效应影响，合理修正试验结果。

4.4.9 闸阀门、启闭机

(1)闸门和阀门结构及构件应进行强度、刚度以及稳定性验算，且满足防腐蚀要求，必要时应采取抗疲劳措施。

(2)三角闸门应采用整体空间体系计算，其他闸门和阀门结构可采用平面体系假定进行计算，必要时应按空间体系有限元法计算。

(3)动水启闭的闸门和阀门应考虑减振和防空蚀措施。

(4)闸门和阀门的设计动水荷载应通过试验确定。

(5)船闸工作闸门形式应根据使用条件合理选择。承受单向水头在静水条件下，特别是中高水头的工作闸门应选用人字闸门；承受双向水头或在局部开启条件下输水的工作闸门应选用三角闸门；有帷墙的上闸首、井式船闸或动水启闭的工作闸门宜选用升降式平面闸门。

(6)闸门和阀门结构构件应采用焊接，运转件和门体可采用螺栓连接，闸门和阀门门叶的主体结构不得采用间断焊缝。

(7)闸门和阀门的零部件设计应优先选用标准化、定型化产品，保证门体运转灵活可靠，满足水下运转件便于进行水下更换和维修方便的要求。

(8)船闸启闭机设计应积极慎重地采用新技术、新工艺和新材料。

(9)启闭机形式选择应根据闸门和阀门的形式、通航孔口尺度、运用条件和加工制造等因素，经多方案的技术经济比较，择优选用机型。

4.4.10 电气系统

(1)船闸事故闸门启闭机的用电负荷必须为一级负荷，应由两个独立电源供电。

(2)当船闸从电网取得第二电源有困难或通过技术经济论证不合理时，应设自备发电机组。自备电源接入变电所低压配电系统时，应在外网电源间设互锁装置，不得并网运行。

(3)具有两个高压电源且设有高压配电站的Ⅰ、Ⅱ级船闸，配电站到变电所的两路出线，应取自不同的母线段。

(4)在船闸配变电所室内裸导体上方布置灯具时，灯具的水平投影与裸导体的净距应大于1m，灯具不得采用吊装方式。

(5)船闸上方不应跨越架空电力线路，确需跨越时，必须进行充分的技术论证，且应采取相应的安全措施。

(6)靠近高温灯具的上部不得敷设线路，接入高温灯具的线路须采用耐热导线或采取其他隔热措施。

(7)配变电所、发电机房、中央控制室、调度室、通信设备室、启闭房、事故检修门架、计算机房等建筑物须设置防雷保护装置。

(8)Ⅰ～Ⅶ级船闸应设置通行信号和船闸标志。

(9)运行控制系统应满足工艺流程的要求，须具有互锁功能、容错功能、检测及自诊断功能和应急处理功能。

4.4.11 辅助设施

(1)船闸辅助设施设计应满足功能要求，合理布置，且满足安全、保护环境以及可持续发展的要求。

(2)闸室两侧、引航道和前港等靠船建筑物应在靠船一侧设置系船设备。系船设备不得突出墙面，不能影响航行安全。船闸应设置爬梯，其布置不得影响闸首、闸室通航净宽。

(3)船闸设计时，应考虑闸首、闸室等主要部位在设计检修水位时便于进行检修和设备更换等因素。在上闸首的上游面和下闸首的下游面应设置检修门槽和检修门。同一河流检修门形式、门槽规格尺寸等应做到标准化、系列化、通用化。

(4)事故闸门应布置在枢纽挡水前缘闸首工作闸门的上游。工作闸门的迎船面应设置防撞设施。对通航顶推船队的大型船闸应在下闸首工作闸门的上方和无帷墙的上闸门下方布置防撞设备。

(5)船闸信号和标志设置应满足昼夜通航要求，所设信号和标志以及通信、控制、交通管制系统应符合现行国家标准规定。

(6)船闸管理办公和生活用房应根据实际情况布置在闸区或闸区附近，闸区房屋除满足美观要求外，还应与船闸总体规划相协调，须进行环境保护和绿化设计。

(7)对有危险品船舶通过的船闸，需设置防污设施。

(8)信号灯等辅助设施应采用节能设计。

5 施工

5.1 基本要求

(1)以现代工程管理理念为指导，坚持“预防为主、动态控制”，强调精细化施工，运用全面质量管理的方法，对人员、机具、设备、材料、方法、环境等质量要素进行过程管理，实现精品工程目标。

(2)严格遵守国家关于工程建设管理、工程质量、安全生产、节能减排、环境保护和职业健康等方面的法律、法规和规定，必须建立健全质量、安全、职业健康和环境保护管理体系及相应的组织机构。

(3)应结合工程特点和施工条件采取施工安全防护措施和环境保护措施，对可能发生的危害与灾害必须制订应急预案，并进行预案评审。可能在汛期施工的，需论证施工期洪水标准和相应度汛方案。

(4)应制订技术先进和安全可靠的施工方案，鼓励开展科学研究、技术创新，积极采用新技术、新材料、新工艺和新设备。鼓励有助于提高水运工程项目施工质量、管理水平的科研工作。

(5)施工单位应重视内业资料的收集、整理及立卷归档工作，建立文件材料管理领导人责任制，配备专人负责文件材料的立卷归档工作，确保施工资料的真实、完整、准确与系统。

(6)工程完工后，参建各方应对项目管理模式与方法、技术策划、主要经验及问题处理，新技术、新工艺、新材料和新设备推广，社会效益及其社会评价等进行总结评价，并提出改进措施，为类似工程实施做好技术储备。

5.2 施工策划

5.2.1 一般要求

工程施工前，应根据工程特点和施工现场实际，对工程的施工技术和管理进行策划。策划的主要内容包括：确定施工目标(质量、进度、费用、安全、环保等)和要求；明确主要施工内容及质量要求，施工过程控制程序和资源(人员、设备、场地等)的配置，项目组织管理模式，项目施工总平面布置及临时设施，项目施工技术方案的重点、难点及拟采取的措施，项目施工阶段的风险分析及其对策，以及识别工程关键工序，质量通病防治措施等。

5.2.2 管理体系

施工单位应建立健全管理体系，包括质量管理体系、进度管理体系、费用管理体系及安全、环保管理体系，建立组织机构，制定管理制度，提出质量、安全、环保保证措施。

5.2.3 技术准备

工程施工应做好现场调查、图纸会审与设计交底、施工组织设计及施工方案编制、施工技术交底与安全交底。

5.2.4 工地试验室

工地试验室应按照招标文件及施工要求配备试验仪器及试验人员，且符合《安徽省公路水运工程工地试验室建设与管理暂行规定》及相关要求，设立的工地试验室经建设单位验收合格后，应及时向质量监督机构备案。

5.2.5 人员培训

人员进场、分部分项工程施工前以及实施新工艺、新结构、新方案前，均应开展技术培训。未经教育的人员不得上岗作业，特殊作业人员和特殊工种人员应做到持证上岗。

5.2.6 质量通病的防治

针对施工过程中可能产生的质量通病进行识别，制订质量通病防治及管理措施，提出防治目标，并将目标分解至各单位、分部、分项工程中，项目技术负责人负责过程控制及措施落实，并对治理情况进行评价和总结。

5.3 施工过程管理

5.3.1 原材料管理

建立原材料进场验收制度。工程所用的原材料、半成品、成品和构配件进场时必须进行验收和抽检，并填写原材料(构件)试验台账，做好标识。

5.3.2 设备管理

按照招标文件要求及时安排设备进场，落实专人对设备进行定期保养，开展定期检查，保证设备数量及质量符合要求，满足施工。

5.3.3 工艺选定

(1)施工前应对桩基等重要部位和闸室浇筑等较为复杂的工程，采取打(浇筑)试桩、试浇筑或浇筑试验路段等方式，进行工艺选定。

(2)工艺试验前，应编制工艺施工方案和实施细则，并报送监理工程师审批。机械组合、人员配置、原材料质量和配合比、施工工序、预埋观测及操作方法等应有两种以上方案。施工全过程中，应翔实记录施工工艺参数和试验检测结果。试验结束后，应提出施工工艺评定报告，报监理工程师批准，施工中不得随意变更经过评定批准的施工工艺。

5.3.4 质量自检体系

建立质量自检体系，明确检测项目、检测人员及检测方法，技术负责人应对检测质量进行监督。项目实施过程中，对质量保证措施以及各项技术方案的执行情况的有效性和符合性进行检查，并对收集的实际数据进行整理，与质量标准和目标进行比较，分析偏差，提出持续改进的要求，并采取措施予以纠正和处置。

5.3.5 技术复核

施工准备阶段及施工过程中，工程技术负责人应组织相关技术人员和专职质检员，对控制点的坐标及高程、码头位置及高程、预制构件质量及尺寸、支座位置及高程，以及与相邻施工单位衔接处的位置及高程等重要或影响全局的技术工作进行复核。技术复核后，技术人员应填写技术复核记录并签字确认。

5.3.6 施工日志

施工过程中，应对技术管理、组织管理以及现场发生的重大事件等施工活动进行综合性记录。施工日志应按单位工程填写，宜采用表格形式，从施工准备或开工日到竣工交验为止，逐日记载，不得中断。施工日志应由掌握施工全面情况的人员填写。

5.3.7 人员考核

施工过程中，对技术及管理人员工作质量进行考核，对于不能胜任工作的人员，进行工作岗位调整。

5.3.8 验收

建立工程验收制度，填写各项验收记录，并经监理工程师签认。

5.4 施工质量控制要点

5.4.1 通用工程

1)钢筋工程

(1)原材料进场应按级别、品种、直径、外形等分垛码放，并挂标志牌，注明产地、规格、品种、数量、质量状态(待检、合格、不合格)。钢筋原材料入、出库应有管理制度，有入库、出库台账。

(2)钢筋加工及堆放场地应采取封闭集中管理，场地必须经硬化处理，有完善的防雨、防水措施；钢筋加工场内各功能分区明确，布局合理。材料堆放区、成品区、作业区应分开或隔离，材料存放规范，标志编号清晰，场内需设置交通诱导标志线。在工地存放时，钢筋必须按不同品种、规格分批分别堆放，不得混杂，存放时间不宜超过6个月。

(3)钢筋加工作业宜做到“四采用四保证”。采用数控调直机、数控钢筋弯曲机，保证钢筋加工精度，弯起钢筋弯折点处弯曲直径，非焊接箍筋末端弯钩的形式及加工的形状、尺寸准确；采用钢筋滚焊机、梳筋板、钢筋定位支架，保证钢筋定位准确；采用高强水泥砂浆垫块，保证钢筋保护层厚度；采用合适的吊装工艺和安装方法，保证钢筋骨架安装不变形。

(4)钢筋宜在胎膜、胎具上绑扎成型。钢筋间距应使用卡具控制，以保证成型后钢筋骨架几何尺寸满足设计要求。绑扎钢筋前应将混凝土接槎清理到露出石子，钢筋污染清理干净，且应检查钢筋定位以及钢筋接头错开长度等，不符合要求时，不得绑扎钢筋。

(5)受力钢筋采用机械连接接头时，接头应相互错开，错开40d(d为受力钢筋的较大直径)且不小于500mm。接头外观质量要求外露丝扣不超过一个完整丝扣，不大于三个半扣。现场截取直螺纹抽样试件后，接头位置应采用同等规格的钢筋，采取搭接或者焊接方式进行补强。

(6)钢筋焊接应有操作台，焊接前必须进行试焊，经自检和监理验收合格后方可施焊，焊工必须有焊工考试合格证。冷轧带肋 CRB550 钢筋的连接不得采用焊接接头。直径为16～40mm 的 HRB335、HRB400、HRB500 牌号带肋钢筋的径向连接应采用机械连接。

(7)钢筋保护层厚度控制施工前，应将结构设计总说明中所涉及的各结构部位的净保护层厚度予以列表明细。钢筋与模板之间应设置垫块，垫块的间距和支垫方法应能确保钢筋在混凝土浇筑过程中不发生位移。

(8)钢筋保护层垫块应根据不同构件，合理选择。钢筋保护层垫块应选用标准尺寸的高强混凝土垫块或高强水泥砂浆垫块，混凝土垫块强度不得低于同构件混凝土强度，垫块厚度按设计保护层厚度制作。垫块须按配合比通知单进行配料，采用专用模具成形、机械振捣，并按规定对垫块进行养护，且应对其强度、密实性及外形尺寸进行检查。严禁使用不合格的垫块。

(9)上下层钢筋绑扎应采用梳筋板、钢筋定位支架，保证钢筋定位准确。垫块的布设应制定安装操作规程，规定绑扎方法、垫置密度、纵横间距等，并绑扎牢固，以防止垫块在混凝土浇筑时发生脱落或偏位。铅丝扣应尽量设在钢筋的侧面，铅丝头长度超过15mm 时，应用剪刀剪除。

(10)严格执行隐蔽工程验收制度，对钢筋保护层厚度不符合要求的，必须进行整改或返工处理，直至合格后方可进行混凝土浇筑。

精品工程工后保护层厚度合格率应达到85%以上。

(11)加工的钢筋骨架或钢筋网必须具有足够的刚度和稳定性。为了保证钢筋骨架稳定，对于高、大、厚结构应采取辅助支撑结构，提高刚度和稳定性，且应采用合适的吊装工艺和安装方法，保证钢筋骨架不变形。

(12)现场安装同一节钢筋笼，应保证每根钢筋长度相同，且应保证钢筋笼端面每根钢筋在同一垂直于钢筋笼轴线的平面上。采用套筒连接时，为便于检查安装后的套筒内两端钢筋进入套筒的长度，需在丝头计算后的套筒根部位置做出明显的标记。安装后应按比例拧开螺母，抽检钢筋实际间隙，大于6mm 时应重新安装。

2)模板与支架

(1)模板及支撑系统必须尺寸准确，板面平整，具有足够的强度、刚度和稳定性，能可靠地承受新浇混凝土的重量、侧压力以及施工荷载。在计算荷载作用下，对模板、支架结构应按受力工况分别验算其强度和刚度，对支架还应进行稳定性验算。

(2)模板的设计以及选型、配板均对混凝土外观质量产生影响，模板设计方案应满足混凝土结构或构件体型、施工分层或分段的要求，并应满足混凝土施工方案所确定的浇筑顺序、浇筑方式、浇筑速度和施工荷载等控制条件的要求。对于体积较大的结构，应采用大型整体模板和大型整体支撑结构进行施工。

(3)立柱、盖梁、预制梁板等构件宜采用定型钢模板。模板板面之间要求做到平整、无错台、接缝严密、线条顺畅。模板在每次使用后应及时进行除污、除锈、防锈及修整等处理；模板应进行编号，有序堆放。严禁使用变形、破损模板。

(4)模板及支架应按模板设计图和工艺文件加工制作。模板应准确制作，保证误差在规范允许范围内。

(5)模板的吊环严禁使用冷拉钢筋。焊接式钢吊环的直径及焊接形式、焊缝长度及焊缝高度等应满足设计要求。

(6)模板及支架系统的安装应满足模板设计的要求，并应与钢筋绑扎及装设等工序配合进行。模板支撑的支承部分应稳定、坚固、可靠，应能抵抗施工过程中可能发生的偶然冲撞和振动。

(7)模板上的预埋件和预留孔洞均不得遗漏，安装应牢固，位置应准确。

(8)混凝土浇筑过程中，应安排专人负责检查，调整模板的形状及位置。对重要部位的承重模板，应进行监测。

(9)模板在安装过程中，须设置防倾覆设施，模板不得与脚手架连接，避免引起模板变形。模板安装完毕后，应检查平面位置、顶部高程、节点联系及纵横向稳定性，严格控制模板变形。

(10)浇筑混凝土前，模板应涂刷脱模剂，安排专人采用专用工具将模板清理干净，模板清理合格后，方能涂刷脱模剂。混凝土外露面模板应采用同一品种的脱模剂，涂刷时以不流坠为准，且要均匀，无漏刷。不得使用废机油等油料。

(11)大型模板及支架在安装过程中，必须编制专项方案，经审批后方可实施，且应有满足稳定性要求的临时固定措施。

(12)定型钢模板加工制作时，应在其正面喷印各节段的编号，以利现场拼装。钢模板制作完成后应进行试拼，检查钢模板的厚度、截面尺寸、刚度、接头部位的平顺度、设计特殊部位的加工精确度、背面加劲肋部位的设置和连接、接缝处的整齐严密程度及有无其他变形现象。满足设计要求后方可运进施工现场。

(13)支架应采用标准化、系列化、通用化的钢构件制作拼装，并应通过预压，消除支架地基的不均匀沉降和支架的非弹性变形并获取弹性变形参数。应根据支架弹性变形、非弹性变形、结构挠度和支架基础沉陷等因素预留施工拱度。且支架应能抵抗施工过程中可能发生的偶然冲撞和振动。

(14)模板、支架拆除应按设计要求的顺序进行，设计无规定时，应遵循先支后拆，后支先拆，先拆除非承重部分，后拆除承重部分的顺序，拆除时严禁将模板从高处向下抛扔。非承重模板一般应在混凝土抗压强度达到2.5MPa时方可拆除；承重模板、支架的拆除必须按照设计文件或规范要求执行。

(15)大型模板和承重模板拆除时，应避开大风等不利天气，并采取防止模板倾覆或坠落的措施。大型模板堆放时，应垫平、放稳，并应采取防止翘曲变形的措施；大模板竖立存放应满足自稳要求。当混凝土未达到规定强度或已达到设计规定强度，需提前拆模或承受部分超设计荷载时，必须经过计算和技术主管确认其强度能足够承受此荷载后，方可拆除。

3)混凝土工程

(1)配制混凝土所用的水泥品种应根据建筑物所在地区和部位选取，水泥强度等级应通过配合比设计选定。

(2)配制混凝土应采用质地坚固、粒径在5mm以下的砂作为细集料，检测项目包括外观、细度模数、含泥量(泥块含量)等，必要时进行坚固性、有害物质含量及碱活性指标检测。

(3)采用质地坚硬的碎石作为粗集料，宜采用两种或两种以上的单粒级碎石配制混凝土，单粒级碎石级配应符合规范要求，试配前应进行“碱活性”检测。

(4)配制混凝土用的水泥检测报告应有有害物检测内容。混凝土中最大碱含量为3.0kg/m^3，最大氯离子含量为0.06%，混凝土供应单位应提供计算书。

(5)混凝土中使用的外加剂，必须经过有关部门检验并附有检验合格证明的产品。采用一种以上外加剂时，须进行配合比设计。配制混凝土用的外加剂应有下列技术文件：产品说明书，并应标明产品主要成分；出厂检验报告及合格证；有害物含量检测报告；含有氯化物时，应做氯化物总含量检测，其总含量应符合国家现行标准要求；掺外加剂混凝土性能检验报告。

(6)拌和设备应具备计算机自动计量系统，计量器具需定期检定，保证砂、碎石、水泥、水、外加剂等精确计量。称量使用的各种衡器必须按有关规定由法定计量机构定期进行检定。每一工作班正式称量前，应对称量系统进行零点校准。

(7)混凝土拌和前应进行配合比设计，配合比设计应满足工程设计和施工要求，使用前经监理工程师批复。施工配合比应在拌和站显著位置标识。

(8)浇筑混凝土过程中，应避免混凝土产生离析现象。浇筑混凝土时，对每一振动部位，应振动到该部位混凝土密实为止。

(9)钢筋混凝土保护层的最小厚度小于规定值10mm以上时，除水下区外，应予以修补，可采用喷射水泥砂浆、水泥环氧砂浆、水泥聚合物乳胶砂浆或表面涂料等措施。

(10)混凝土浇筑完毕后应及时采取有效措施进行养护，严防混凝土出现脱水和收缩裂缝。养护方法应根据构件形式选定，可选用土工布覆盖浇水、包裹塑料薄膜、喷涂养护液等方式进行养护。气温低于+5℃时预制构件应采取移动式养生棚进行蒸汽养生。养护时间不宜少于14d。

(11)首次浇注混凝土，应作为首件工程进行施工管理，施工单位自检频率应为规模施工的2倍，监理工程师应实行全过程旁站，首件工程总结报告经监理工程师批复后，方可作为后续规模施工的依据。

(12)处于侵蚀性环境的混凝土结构应进行抗腐蚀试验。处于高速水流冲刷区域的混凝土应进行专门混凝土配合比设计。

(13)商品混凝土。

①商品混凝土在签订供应合同时，应提出相关技术要求，内容包括：原材料要求(碎石最大粒径等)、配合比要求、混凝土凝结时间、供应速度、坍落度及保坍时间、预防碱集料反应要求、资料要求以及其他要求。用于水运工程的混凝土应根据工程部位，进行单独的配合比设计。商品混凝土配合比设计，必须满足设计强度和耐久性要求，并考虑运输、泵送过程中坍落度的损失以及运输距离、运输时间、气温高低、泵送高度等因素。

②搅拌站必须提供符合要求的下列资料：混凝土出厂合格证(写明工程名称、部位、强度等级、抗渗等级、配合比编号)；混凝土运输单(写明工程名称及施工部位、混凝土强度等级及抗渗等级、配合比编号、坍落度、出站及到场时间、出罐温度等)；混凝土配合比通知单；混凝土外加剂厂家的出厂合格证和检验报告；原材料碱含量检测合格报告；混凝土碱总含量的计算等。

③商品混凝土生产过程中，施工单位必须派员到厂家，对混凝土的生产从原材料的添加到混凝土出厂进行全过程的监控。

④商品混凝土运输过程的质量控制。建立混凝土的收发制度，运输车辆出厂时应出具有收料单位、地址、工程名称、混凝土等级、坍落度、出厂时间和数量的发料单；运抵现场后施工单位要派专人严格进行验收，核对发料单内容，防止混凝土运输车辆

误送，或超过初凝时间到达工地，同时应目测混凝土有无异常，并进行坍落度检验，验收合格后方可签字确认。

⑤商品混凝土浇筑过程中的质量控制。施工单位做好协调与设备管理，保证泵送混凝土供应的连续性。混凝土在浇筑过程中，应按规定抽测其坍落度，并按规范要求进行振捣，振捣方式宜快插慢拔，不漏振，不过振，以确保混凝土的密实。同时浇筑过程中，应及时检查模板支撑的牢固和严密程度，防止模板胀模或漏浆。商品混凝土在泵送过程中应保持连续，使混凝土处于流塑性状态，防止输送管内混凝土离析或凝结。

⑥商品混凝土的质量检验评定。按规范频率对商品混凝土进行质量检测，掌握商品混凝土生产中的质量状况和变化趋势。工地试验室应采取混凝土强度快速检测手段，估算混凝土的后期强度，及时发现混凝土质量问题，采取有效补救措施。

(14)大体积混凝土。

①大体积混凝土应选用标准稠度用水量低、低水化热和凝结时间长的硅酸盐水泥、普通硅酸盐水泥，不宜采用矿渣硅酸盐水泥、火山灰质硅酸盐水泥、粉煤灰硅酸盐水泥及复合硅酸盐水泥。

②采用普通硅酸盐水泥时，宜掺入粉煤灰、磨细粒化高炉矿渣等活性掺合料。大体积混凝土的矿物掺合料不应单独使用硅粉。粉煤灰应采用Ⅰ级灰，烧失量小于5%。硅灰应选用超细硅灰。

③使用能降低早期水化热的缓凝剂、减水剂。

④集料材质应优先选择石灰岩，集料压碎值小于等于10%，集料含泥量小于1%，粗集料最大粒径小于37.5mm。粗集料宜按级配分档，各档集料级配良好。细集料采用干燥、洁净的天然砂，其含泥量小于2%。

⑤除考虑强度因素外，应以混凝土极限拉伸率指标评价混凝土抗裂性能，在满足设计要求前提下，尽量提高抗裂性能。

⑥大体积混凝土的浇筑宜采用分层(分块)连续浇筑，施工缝的设置应考虑混凝土结构特点、耐久性要求和施工方便等因素，不得随意留设施工缝。分层浇筑时，层间浇筑的间隔时间以混凝土的初凝时间为准，严禁出现施工冷缝。大体积混凝土浇筑应在一天中气温较低时进行。必要时，在混凝土内埋设冷却管。

⑦大体积混凝土的一次浇筑厚度应根据工程所用振捣器的作用深度以及混凝土的和易性等指标综合确定。当采用泵送混凝土时，混凝土的一次浇筑厚度不宜大于600mm；当采用非泵送混凝土时，混凝土的一次浇筑厚度不宜大于400mm。

⑧应降低混凝土浇筑温度，夏季高温季节浇筑基础约束区混凝土时，混凝土的出机口温度一般为7～10℃，采用的主要措施为预冷集料、加冰拌和等。

⑨为减少温度回升，使混凝土浇筑温度满足设计要求，应合理组织运输路线、严格控制运输时间、合理安排施工工序、减少暴露时间、及时进行养护，并在运输途中采取合适的保温措施。

⑩科学合理安排混凝土施工程序和施工进度。

a. 在混凝土浇筑完毕后12～18h内即应开始养护，养护时间的长短可以视不同水泥品种和结构重要性而有所区别，最少一般不少于14d，重要部位至少28d。

b. 对于抗冲磨混凝土，浇筑抹面后应立即进行养护，1d内宜采用喷雾养护，1d后洒水养护或用保水材料覆盖。养护期至少28d。

c. 对于使用补偿收缩混凝土浇筑的构件和部位，为保证其自生体积膨胀得到正常的发展，也需要注意加强养护。

d. 重视大体积混凝土基础约束区、上游面及其他重要结构部位的表面保护。在施工中应加强气象预报，及时进行混凝土表面保护，尤其应重视防止气温骤降的影响。

e. 大体积混凝土温度应力分析前，宜进行胶凝材料水化热总量、混凝土绝热温升、线膨胀系数、抗压强度、劈裂抗拉强度、弹性模量等试验，确定其数值及变化规律。大体积混凝土温度及温度应力宜采用有限元方法分析计算。

f. 温度及温度应力监测，出现异常应及时采取有效措施处理或调整施工工艺。

4）预应力钢筋混凝土

（1）金属波纹管钢带厚度不得小于0.3mm，轧制要紧密，不得漏浆；塑料波纹管的壁厚（δ）应为：内径$\phi\leqslant$75mm，$\delta\geqslant$2.5mm；内径$\phi\geqslant$90mm，$\delta\geqslant$3.0mm。

（2）预应力管道须按设计坐标准确定位，曲线段每隔50cm、直线段每隔100cm，设置一道“井”字形定位筋固定，定位筋应与梁板钢筋焊接。

（3）底板、腹板混凝土浇筑，应保证连续浇筑，避免出现冷缝，须严格控制芯模上浮；顶板（梁背）混凝土宜采用平板振捣器进行二次辅助振捣，边角和预留槽口断面的振捣应充分。

（4）后张构件浇筑混凝土时，应保证钢带波纹管的通畅、钢绞线可穿性，严禁出现振捣等造成波纹管堵塞无法完整穿入钢筋的情况。预应力管道在浇筑混凝土前应穿入直径与之相适应的塑料衬管，加强锚后混凝土的振捣质量控制，防止预应力管道的变形和堵塞。

（5）预应力张拉应优先实行数控技术，实现电脑自动控制，自动记录数据。

(6)后张法预应力混凝土应采用智能压浆技术，跨径大于40m的梁必须采用真空辅助压浆。

(7)施加预应力时，应保持预应力筋、锚具、千斤顶位于同一轴线上。

(8)预应力筋应采用机械切割，严禁采用气割、气焊切割；切割后预应力筋的外露长度不应小于30cm，且不小于1.5倍预应力筋直径。

(9)应严格按设计规定顺序张拉，宜采用两端同时张拉；采用张拉应力与伸长量指标双控。预应力筋张拉及放松时，均应填写施工记录。张拉过程中，施工单位必须安排技术人员现场指导，监理人员旁站到位，并履行签认手续。

(10)预应力张拉结束后，孔道压浆应在24h内完成，否则应采取措施，确保预应力筋不锈蚀。使用的水泥浆应与梁体混凝土同等级，采用专用的压浆料或压浆剂配置的浆液进行压浆，压浆前应将预应力管道清洗干净，压浆过程应连续，不得中断。

(11)浇筑封锚混凝土前应对梁端混凝土进行凿毛处理。严禁梁板张拉后未压浆或压浆强度不符合设计要求擅自进行梁板吊装或移梁。

5)砌体工程

(1)砌体工程使用的原材料应符合质量要求，石料应选用石质均匀、不易风化、无裂纹的硬质石料。

(2)砌体砂浆应采用拌和机集中拌和，混凝土预制块应采取集中统一预制。

(3)各砌层的砌块应安放稳固，砌块间应保证砂浆饱满，黏结牢固，不得直接贴靠或脱空。

(4)砌体外露面勾缝宜采用凹缝，勾缝应均匀饱满、美观。

(5)浆砌片石工作层之间水平缝应大致找平，竖缝应相互错开，不得贯通；用作镶面的片石应选用表面平整、尺寸较大者，并应稍加修整。

(6)砌体结构与其他结构连接时，需保证连接牢固、紧密，满足设计要求；砌体结构与其他材料接触时，有防渗排水要求的，反滤层要铺设全面、均匀。

(7)砌体工程有设置分缝要求的，分缝要求垂直、贯通。

(8)浆砌块石施工基面应满足砌筑结构承载力要求，平整度、干湿环境应满足施工要求，需完成基面验收合格后方可施工。当出现因基面承载力不足等造成砌体结构产生超出允许的变形和开裂时，必须采取相应的处理措施，必要时应拆除砌体结构，待处理完基面后再重新施工。

(9)挡土墙砌体工程。基坑开挖应根据实际施工能力分段开挖、分段作业，防止基坑暴露时间过长或遭水浸泡。挡土墙的泄水孔应预先埋设，泄水孔必须穿透砌体，严禁反向设置。沉降缝处使用的石料应进行修整，确保沉降缝整齐垂直、大面平整、上下贯通。

（10）施工单位应制订质量通病预防措施，按规范及预防措施要求精细化施工，监理工程师应对涉及的工序进行全过程旁站，并重点抽检。

6）软土地基处理

（1）一般要求

①软土地基处理施工前应全面掌握地质勘察资料，根据土的物理力学性质、埋层深度、材料条件、工期、造价等因素采取处理措施。

②软基处理施工前应按设计要求的软基处理宽度放出边桩和护桩，控制点桩位应进行必要的加固和保护，在点位处设置明显标志。

③地基处理正式施工前应进行试验段施工，并应进行沉降观测。

④地基处理施工结束后应通过试验检查地基处理效果，重要建筑物地基应进行现场承载力检验。

⑤在充分论证的基础上，积极推广和应用地基处理方面的新技术、新材料。

⑥加强地基处理效果的检验和施工期间的监测，实施第三方检测和监测，并进行评价。

（2）换填垫层法

①工程量较大的换填垫层，应按所选用的施工机械、换填材料及场地的土质条件进行现场试验，确定换填垫层压实效果和施工质量控制标准。

②基坑开挖时应避免坑底土层受扰动。严禁扰动垫层下的软弱土层，应防止软弱垫层被践踏、受冻或受水浸泡。

（3）排水固结法

①排水系统的性能指标、竖向排水体的间距和深度应满足设计要求。施工过程中应确保排水系统的畅通，竖向排水体和水平排水系统可靠连通。

②堆载预压应按设计要求分级加载，并应根据设计要求和监测数据控制加载速率。堆载高度应考虑因地基预压沉降过大而产生的欠载。

③真空预压施工时，应确保膜下真空度满足设计要求，施工过程中应对膜下真空度和孔隙水压力变化进行监控。

④采取排水固结法预压施工，应考虑对周边邻近建筑物和地下管线的影响，并应采取防护措施。

⑤预压施工过程中应进行地表沉降、分层沉降、孔隙水压力、侧向位移、地下水

位等监测。卸载应在地基固结度和沉降速率满足设计要求后进行，卸载过程中应对地基回弹量进行观测。

(4)强夯和强夯置换

①强夯置换法在设计前必须通过现场试验确定其适用性和处理效果。

②强夯和强夯置换施工前，应在施工现场选取代表性区域进行试夯或试验性施工。

③强夯置换施工中，应根据现场地质条件和工程使用要求确定施工参数：包括墩的深度、单击夯击能、夯点的夯击次数、填充材料、相邻两夯击置换墩之间的间歇时间等。

④当强夯施工产生的振动可能对邻近建筑物和地下管线造成有害影响时，应采取防振或隔振措施，并进行监测。

⑤强夯处理后的地基竣工验收时，承载力检验应采用原位测试和室内土工试验。强夯置换后的地基竣工验收时，承载力检验除应采用单墩载荷试验外，还应采用动力触探等查明置换墩着底情况及承载力与密度随深度的变化。

⑥施工中根据气象数据(阴晴、气温、风力)、地基土体含水量、土体孔隙水压力消散情况等综合因素开展施工，控制好施工间歇，避免出现“弹簧土”、“橡皮土”等强夯施工质量问题。

(5)振冲置换法

①振冲施工可根据设计荷载的大小、原土强度的高低、设计桩长等条件选用不同功率的振冲器。施工前应在现场进行试验，以确定水压、振密电流和留振时间等各种施工参数。

②桩体施工完毕后应将顶部预留的松散桩体挖除，如无预留应将松散桩头压实，随后铺设并压实垫层。

(6)水泥粉煤灰碎石桩(CFG)法

①施工所采用的振动设备和套管应考虑填料、置换深度、置换率、地基土土质等因素。施工中应检查记录桩孔位置、深度、填料量、气压压力和拔管速度等。

②施工前应进行成桩试验，试桩数量不少于5根。正式施工前应保证桩机就位平整稳固；桩机导管内径须大于设计桩径。

③桩体施工应选择合理的施打顺序，避免对已成桩造成损害，成桩过程中，应对已打桩的桩顶进行位移监测，对桩顶上升量较大或怀疑发生质量问题的桩应开挖查看。

④沉管应与底面垂直，垂直度偏差不得大于1%。

⑤拔管过程中禁止反插。拔管速率一般控制在1.2~1.5m/min较合适，防止发生

缩孔或断桩质量事故。软弱土层的拔管速率宜控制在0.6～0.8m/min，条件许可时，拔管速率宜通过施工前的工艺试验确定。

⑥桩顶高程应根据桩距、布桩形式、现场地质条件和施打顺序等综合确定，一般应高出设计高程0.5m，且浮浆厚度不超过20cm。

⑦冬季施工时混合料入孔温度不得低于5℃，对桩头和桩间土应采取保温措施。

(7)水泥深层搅拌法

①处理地基所采用的船机、搅拌机具及控制系统应满足搅拌体形式、加固范围、加固深度、地基土质和施工环境的要求。

②施工中应检查记录成孔位置、孔深、搭接长度、垂直度、搅拌头转速、贯入与提升速度、着底电流和水泥浆流量等。

③施工后应对搅拌体的强度及均匀性进行检验。

④正式施工前应先进行试验段施工，以确定搅拌头的转速、贯入与提升速度、着底电流和水泥浆流量等各种施工参数。

⑤施工故障处理：

a. 发现喷浆管堵塞不喷浆时，应立即停止施工，待排查原因，并采取有效处理措施后重新喷浆，重新喷浆时应保证接头不少于1.0m；如果超过12h未重新喷浆，该根未完桩应作报废处理。

b. 如果地质条件变化，桩长达不到设计桩长，应及时分析原因并采取有效措施。

c. 施工中如遇到停电或其他原因中断喷浆时，应在12h内及时采取补喷复搅措施，补喷接头长度不小于1.0m，并及时记录。

(8)高压喷射注浆法

①喷射注浆前要检查高压设备和管路系统。设备的压力和排量必须满足设计要求；管路系统的密封圈必须良好。

②地基处理施工中应检查并记录施工程序、注浆压力、注浆量和喷头提升速度、旋转速度或摆喷角度等。

③在喷射注浆过程中，应观察冒浆的情况，以便及时了解土层情况，了解喷射注浆的大致效果和喷射参数是否合理；对冒浆应妥善处理。

④在岸坡等敏感区域施工时，应避免对周边地基和建筑物产生不利影响。

⑤施工异常处理：

a. 流量不变而压力突然下降时，应检查各部位的泄漏情况或密封情况。

b. 出现不冒浆或断续冒浆时，应检查原因，排查周围是否有空洞、通道，并采取相应处理措施。

c. 压力陡增超过最高限值、流量为零、停机后压力仍不变动时，则可能是因为喷嘴堵塞，应及时疏通喷嘴。

(9)帷幕灌浆施工

①帷幕灌浆的灌浆压力、灌浆段长、浆液变换和结束标准等参数应通过典型施工确定。

②帷幕灌浆孔在灌浆前应进行清洗，并做压水试验。

③同一地段的基岩灌浆应按先固结灌浆后帷幕灌浆的顺序进行。

④灌浆施工过程中注意环境保护，对于有毒灌浆材料施工应做好安全防护。

(10)岩石地基处理

①应了解基岩埋深、节理、裂隙、断层发育、溶洞和地下暗河等情况。

②对断层破碎带较深的岩基应清除表层破碎体，用混凝土封填后采用压力灌浆进行处理；当基岩软弱夹层或泥化夹层埋深较浅时应全部清除。

7)钢结构工程

(1)焊接材料的品种、规格、性能和质量应满足设计要求，并应符合现行行业标准的有关规定。材料入库应按相应标准进行验收。焊接材料应设专人负责保管、烘干、发放和回收，并有详细记录。

(2)焊接施工现场环境应符合职业健康和安全生产的规定。雨雪环境露天施焊，相对湿度不得大于90%；气体保护电弧焊时风速不得大于2m/s，焊条电弧焊和埋弧焊时风速不得大于8m/s；环境温度不得低于－20℃。

(3)焊缝质量应进行质量检查。一、二级焊缝无损探伤应满足设计要求。

(4)高强度螺栓连接应进行质量检查，应符合设计要求。螺母和垫圈的安装应满足设计要求。

(5)涂装前钢材表面除锈应满足设计要求。金属喷涂所用的材料质量(热喷涂锌、铝及其合金)应满足设计要求。防火涂料的黏结强度和抗压强度应满足设计要求。油漆涂料、金属喷涂涂装、防火涂料涂层应满足设计要求。

(6)所用涂层材料须有环保标志。涂装完成后，构件的标志、标记和编号应完整。

(7)涂装过程中，应用湿膜测厚仪及时测定湿膜厚度。涂膜固化干燥后应进行干膜厚度的测定。85%以上测点的厚度应达到设计厚度，没有达到厚度的测点，其最低厚度不得低于设计厚度的85%。

(8)每层涂装时应对前一涂层进行外观检查，涂装结束后，进行涂膜的外观检查，表面应均匀一致，无流挂、皱纹、鼓泡、针孔、裂纹等缺陷。

5.4.2 土(石)方与基坑工程

1)一般要求

(1)土石方开挖前，应根据勘察报告、现场周边情况、工程特点和开挖要求，确定合理的开挖方案并做好施工组织设计。

(2)基槽开挖的允许偏差应严格控制在规范规定的范围之内。

(3)对邻近建筑物、构筑物，给排水、电力等地下管线进行检查，当其处于开挖影响范围内时必须采取可靠保护措施。

(4)土石方开挖应采取保证边坡稳定的措施。

(5)基坑开挖前应做好地面排水和降低地下水位工作。

2)陆上基坑的降水和排水

(1)排出的水应避免直接冲刷岸坡和已开挖的永久边坡面、附近建筑物及其基础，并不得影响周围航运设施、污染环境。

(2)采用井点降水时，井点管不得设置在永久结构底板或隔梁内，也不得影响工程的正常施工。

(3)底板混凝土全部浇筑并达到设计强度后，方可逐步停止降水；船闸闸室范围内的永久结构施工完毕后，应观测地下水位回升及闸室底板的稳定情况，再逐步停止降水。

3)土石方开挖和支护

(1)开挖过程中不得扰动天然地基；雨季施工需采取措施防止基坑(槽)底泡水，受水浸泡的基础在混凝土施工时应先挖除基底的软化表层。

(2)开挖过程中，严防出现流土或管涌渗透破坏。成槽施工中泥浆大量流失或槽壁严重坍塌必须立即停机，并及时查清原因并采取处理措施。

(3)岸坡开挖断面的平均轮廓线不应小于设计断面。分层开挖的台阶高度应符合设计要求，当设计未作要求时，其台阶高度不应大于1 000mm。

(4)水下基槽开挖方案应符合相关规定。基槽开挖的分段长度和分层厚度应根据施工工况、土质条件、回淤情况和施工能力确定。基槽开挖时要合理选择抛泥区的位置和范围，避免造成港区水域回淤和环境污染。

(5)基坑(槽)开挖至设计深度时，施工单位、设计单位、建设单位等应及时进行基坑(槽)验收，并做好记录。

(6)对于基坑开挖深度达到5m以上，或地基土层复杂的工程，应编制施工专项方案并进行专家评审。

(7)施工过程中应对开挖的平面位置、高程、边坡坡度和排降水系统进行检查，并应随时观测周边环境的变化。

(8)基坑周围的机械设备和堆存的物料等距基坑边缘的距离必须满足边坡稳定性或设计的要求。坡肩2m以内不得堆放弃土，堆载不宜过高，并应考虑堆载产生的超孔隙水压力的不利作用。

(9)深基坑、岸坡开挖应按相关规范等要求开展第三方监测预报和评价。

(10)石方爆破开挖应以小型及松动爆破为主，严禁过量爆破。爆破引起的松动岩石，必须及时清除。

(11)弃土场地应有足够的容量，挖出土方宜随挖随运。弃土不得堵塞河道和污染环境。

4)土石方回填

(1)回填的顺序、方向和加载速率应满足结构和岸坡稳定性的要求。墙后采用陆上回填时，应由墙后向岸方向填筑，防止淤泥挤向码头墙后。建筑物两侧的回填土应均匀对称填筑，相邻段的填土高差不应过大。

(2)陆上回填的施工机械设备、分层厚度和密实方法应根据设计要求和回填土质确定。

(3)回填前应对回填范围内的淤泥、积水进行清理，挖除耕植土、淤泥质土。水下回填前应对回填区域进行检查，当发现塌坡和回淤沉积厚度超过设计要求时，应进行清理。

(4)下列土质材料严禁用于回填：含水率较高的沼泽土、淤泥、泥炭；含有草木、腐殖质，且有机质含量大于4%的土料；液限大于50%及塑性指数大于26的土料。

(5)在土工材料上进行回填时，填料不应含有有尖锐棱角的材料，最大粒径不应大于压实厚度的2/3，且不应大于100mm；分层碾压时，分层厚度宜为200～300mm；碾压时应从土工材料中部压向尾部，再从中部压向面板(墙身)，全部轻压后再进行重压，距构筑物1 000mm范围内应采取人工摊平，轻型机械压实。未覆盖填料的土工材料上严禁施工机械行走。

(6)使用两种不同透水性材料回填时，应将透水性较大的土层置于透水性较小的土层下面。

(7)回填过程中应随时观察基坑排水情况，填土面须设置倾斜外坡，并在适当部位留设集水坑以便抽排地表水。

5.4.3　疏浚和吹填工程

(1)疏浚工程超深、超宽、边坡应满足设计及规范要求，陆域吹填工程应满足设计及检验标准规定的平整度、高程偏差要求。

(2)施工前应对挖泥船等疏浚设备的施工参数进行现场技术测定，并与施工组织设计施工参数进行比较分析，优化施工工艺。

(3)疏浚设备定位和疏浚工程水深测量定位方法应满足工程精度要求，宜采用全球导航卫星实时定位系统和稳定可靠的疏浚监控系统，开展水下地形测控和岸坡稳定性监控；水深测量宜采用多波束测量系统，中软底质的水深测量可采用单波束测量。疏浚施工中应避免超挖、欠挖，应对施工土质和回淤量等进行核对，发现与设计有较大差异时，应及时查明原因，必要时应补充勘测和调整施工方案。水深测量时应随时测量水位，注意水面坡降对水深测量的影响。

(4)在临水建筑物附近进行疏浚施工时，应采取控制超深、超宽与边坡坡度的措施；在建筑物后方进行吹填时，应严格控制吹填的高程、顺序和加载速率，并应对航道及工程影响区域内建筑物进行沉降和位移观测，应同时开展水下地形测控和岸坡稳定性监控，避免因疏浚或可能的超挖导致岸坡失稳。

(5)疏浚施工方案应根据疏浚区域的自然条件、设计尺度、设备性能、工期和环保要求等制订。应论证施工对岸坡稳定性的影响和必要的处理措施。

(6)基建性疏浚、吹填及围埝、永久性围埝等工程根据需要拟定合理的施工方案和施工设备。维护性疏浚施工方案应根据维护区域、回淤规律和通航要求等确定；施工中应减少与港口作业船舶、航行船舶的相互干扰。

(7)疏浚施工中应定期进行水深检测。

(8)在生态敏感水域以及可能对生产生活有较大影响或引起社会矛盾的水域，施工时必须采取有效的环保措施，对施工环境进行监测，并应定期公示结果。

(9)污染土的疏浚应选用环保型疏浚设备；对污染底泥及排放余水应进行处理，并对施工环境进行监测、监控。疏浚土的运输或管道输送不得中途抛卸和漏泥。

(10)疏浚出的土石等应采取合理的运输方式和存放场所，疏浚工程的污水和淤泥应统一排放，避免二次污染。达到一定规模的弃土场需进行环境影响评价。

(11)鼓励采取新技术、新工艺开展环保型疏浚。

(12)疏浚吹距超过疏浚船舶最大合理吹距时宜采用接力泵。

(13)施工中应采取减少疏浚土扩散，防止疏浚土输送途中泄漏，确保疏浚土抛填到位的措施。

(14)因疏浚造成的生态破坏，必须进行生态修复。

(15)吹填施工方案应根据土质、取土深度及覆盖情况、取土区距吹填区的距离、吹填船舶性能和取土区的自然条件等因素确定。吹填过程中应对围捻进行定期巡查和变形观测，并及时维护。利用已有建筑物兼作吹填围堰时，应对建筑物的稳定性进行验算，并应采取保证建筑物稳定的措施。

5.4.4 护岸工程

1)一般要求

护岸施工应根据结构特点、现场条件和施工能力合理确定施工区段、施工顺序和工序搭接长度。

2)岸坡开挖

(1)岸坡开挖顺序和开挖工艺应满足岸坡稳定性的要求。

(2)岸坡开挖前应对开挖区的地形和水深进行断面测量，开挖后应对岸坡断面进行测量。

(3)岸坡开挖过程中应对岸坡稳定性进行观测，包括位移和沉降，必要时应由第三方监测单位实施并做出评价。具体监控要求：沉降观测≤5mm/d，位移观测≤5mm/d，裂缝宽度及滑坡位移≤10mm/d，连续三天的累计位移≤10mm；若岸坡大面积滑移、开裂裂缝宽度累计超过100mm，则认为可能发生边坡破坏情况，必须立即停止施工，并组织现场施工人员安全有序的撤离现场。

(4)岸坡开挖中需注重施工安全，必要时设置警告设施。

3)护岸堤身填筑

(1)填筑顺序、分层厚度和加荷速率应满足设计要求。

(2)堤身两侧有块石压载层时，应先抛压载层，后抛堤身；堤心抛填有挤淤要求时，应从堤心断面的中部逐渐向两侧抛填。

(3)在土工织物加筋垫层或软体排上抛填时，应按有利于拉紧土工织物的方向进行抛填。

(4)采用陆上推进抛填时，其一次推填高度应满足地基和堤身稳定性的要求。

(5)采用爆炸排淤法抛填时，施工后应对抛填体的着底深度和宽度进行检验。必要时，两侧壅起的淤泥包应予以清除。

(6)堤心石抛填后应及时理坡，理坡断面和堤顶高程应考虑堤身沉降的影响。

(7)对尚未成型的堤段应采取防止大风浪损毁的保护措施。

4)护岸护面层

(1)护面块体应自下而上安放，底部的块体应与水下棱体接触紧密。

(2)四脚空心方块和栅栏板安放应靠紧、稳固。

(3)干砌或浆砌护面块石的长边应垂直于坡面，块石长边尺寸不宜小于护面层的厚度。

(4)干砌条石护面应自下而上分层砌筑。条石与坡脚棱体应靠紧；条石间应相互错缝、紧密嵌固。

(5)护岸坡面需要提供生物生存条件时，施工时应在物种、土质选择等方面进行论证，必要时进行试验段施工，确保工程在生命周期内的安全运行。

(6)护岸现浇上部结构的施工应在堤身基本稳定后进行，并应预留后期沉降量。

5)质量通病

地基处理没达到设计要求、边坡失稳造成的破坏、混凝土外观缺陷、墙后回填不满足要求和反滤层失效，以及墙体、伸缩缝的施工不符合要求等。

5.4.5 港口工程

1)一般要求

(1)码头工程应设立施工区界标和警戒标志。

(2)合理优化施工进度安排，尽量避开汛期施工，防止突发洪水对工程施工造成损失；工程跨汛期施工，应制订度汛方案和防范措施。

(3)构件预制质量必须满足要求，构件在起吊运输时必须达到足够的强度，并应进行相关的验算。

(4)预埋件应按要求进行防腐处理，且根据不同部位防腐要求，确定螺杆割除深度。

2)重力式码头

(1)基床抛石

①基床进行抛石时应严格控制块石的规格和材质。

②当基床进行抛石处理时，应进行夯实工艺性试验，在夯实效果达到要求后方可进行规模施工。

③夯实过程中，应采用精度较高的移船方法以防止出现漏夯，基床顶面和边坡表

面必须进行整平。

④基床抛石、夯实质量应满足设计和质量验收标准。

(2)墙身构件安装及混凝土浇筑

①构件安装前应对基床面进行检查，表面不得有回淤沉积物。

②沉箱、方块、扶壁安装应分段控制位置和长度。多层方块的安装应在基础面设置准线，安装宜采用阶梯形，并分层、分段进行。

③沉箱、空心块体、圆筒、扶壁的混凝土结构施工宜一次浇筑完成。大型构件采取分层浇筑时，其施工缝不宜设在水位变动区和底板与立墙的连接处、吊孔以及吊孔以下 1m 范围内。

④现浇混凝土挡墙阶梯断面宜整体连续浇筑，如需分层，分层高度宜取 1.5 ~ 3.0m；倒 T 形、L 形断面可先浇底板，再浇筑立墙，其施工缝宜留在其交界处以上 500 ~ 1 000mm 处。

⑤沉箱安放后应及时灌水，经历 1 ~ 2 个低潮并复测确认符合质量标准后应及时充填箱内填料。各舱内填料高程应大致均匀，当抛填块石时，构件顶部应采取保护措施。

⑥沉箱抛石后要注意沉箱的沉降情况。一般每星期观测一次，刚开始时平均三天一次，并做好记录，待趋于稳定后每月观测一次。

(3)墙后棱体回填

①必须设置防止回填材料流失的倒滤层。

②回填前应检查基床及岸坡有无回淤或塌坡，必要时应进行处理。

③抛石棱体和倒滤层应分段、分层施工。在分段施工时，必须满足厚度和连续性要求，不允许间断和掺杂。

④空心方块、沉箱、圆筒和扶壁安装缝宽大于倒滤材料粒径时，接缝或倒滤井应采取防漏措施。

⑤倒滤层完工后应及时进行覆盖和上部回填。回填土应分层夯实。每层厚度不能太厚。

(4)胸墙施工

①胸墙混凝土浇筑应在下部构件沉降稳定后进行，直接在填料上浇筑胸墙混凝土时，应在填料密实后进行。扶壁码头的胸墙宜在底板上回填压载后施工。

②胸墙的施工准线和高程应考虑墙身的沉降、位移影响。

③按设计要求合理设置变形缝，减少由于不均匀沉降或变形产生的裂缝。

④胸墙是大体积混凝土，施工时应严格控制水化热引起的裂纹。要选择水化热低

的硅酸盐高等级水泥，混凝土搅拌时应尽量选用低温凉水以降低原材料温度。浇筑时应合理分段，选择气温低的时间浇筑，并应在浇筑的胸墙中埋设测温点，安排专人对原材料和混凝土进行量测，根据测温情况采取相应的措施。按规范要求进行混凝土养生。

⑤合理确定胸墙施工的分层，严格控制上下层混凝土浇筑的间隔时间。分层施工接茬面应平顺，防止出现过大的起伏和凸凹，避免基层对新浇混凝土的不均匀约束。

⑥根据沉箱的沉降量确定胸墙预留沉降量和后倾量，一般预留的沉降量为5cm。

⑦模板采用桁架结构，为保证混凝土表面平整，临水面模板宜采用整片钢板制作，以减少接缝，达到美观的效果。

⑧墙面应采用细钢筋、加密配筋的措施，以起到分散裂缝、减小裂缝宽度与深度的作用。

（5）浆砌块石胸墙砌筑

①设计对浆砌块石胸墙工程各分项（工艺、工序）应有具体明确要求。优化结构形式，采用混凝土护面和浆砌块石结构复合形式等，有效防止船行波对浆砌块石的淘刷破坏。

②当挡土墙临水面时，其施工前应修筑施工围堰，保持围堰内干地施工。

③砌筑浆砌石挡土墙时，灰缝宽度：块石为20～30mm，料石为＜20mm；插花砌缝为40mm，三角缝为≤80mm，通缝宽度为≤1 000mm。迎水面砌体平整度：块石砌为40mm、料石砌为20mm、插花砌为40mm。

④砌体完成后应及时进行勾缝。块石宜勾平缝，料石宜勾凹缝，插花宜勾凸缝。

⑤块石砌筑应坐浆平砌，上下错缝，内外搭砌，错缝的距离不小于30mm；灰缝宽度为20～30mm，大空隙的空隙处应先填塞砂浆，再用小石嵌实；拉结石应均匀分布，相互错开，拉结石长度不小于墙厚（宽），当墙厚大于400mm时内外两块石搭接，其搭接长度不小于150mm。

⑥料石砌筑应先计算层数，选好料石，砌筑时控制其宽度和砌缝的横平竖直，采用丁顺相间或丁顺相层的砌筑。灰缝不大于20mm也不宜小于10mm。

⑦插花砌筑应根据设计要求选料，长、宽、重兼顾，合理进行丁顺砌筑，前丁不够后丁补，粗加工轮廓线进行细加工，迎水面石面，插砌时兼顾砌缝、三角缝的宽度，控制通缝长度。

⑧先对砌缝进行剔缝处理，剔缝深度为15～20mm（最好形成内大外小，有退拔作用）；进行勾缝前的湿润，使勾缝砂浆嵌入缝槽内，对所有砌缝全部勾满、勾没、勾

住。插花砌的勾缝可勾成圆弧线形，其圆弧半径根据三角缝宽度决定。

(6)扶壁施工

①施工前需构筑临时施工围堰，以保证基坑土方开挖，基础工程、扶壁制作养护、墙后回填均在干燥的条件下进行。

②扶壁混凝土宜一次浇筑完成，以免出现施工缝。

③扶壁安装时，要确保扶壁结构的垂直度，以使相邻扶壁之间的接缝平均宽度小于规定指标。

④扶壁背后无抛石棱体时，应在接缝处设置倒滤井，以防止墙后回填土从接缝中流失。

3)高桩码头

(1)测量定位

①测量放样时，必须按照有关规定的标准和技术规程进行操作，并严格执行施工测量放样验收制度。使用的仪器必须专人保管，定期校验。

②测量基线应布置在通视条件好、地势平坦、通行车辆少的地方。地面条件差的地方应设置基线板，控制点和水准点设置稳固，且应加以保护。

③对施工基线应定期检查。设置校核基线、基点、水准点，并保证其距离满足距井点深度10倍以外、下沉沉井的深度3倍以外的要求。

(2)沉桩施工

①沉桩施工前应对码头岸坡进行断面测量和验收，沉桩定位方法应根据工程要求、施工区域和施工条件确定。移船定位时，打桩船指挥人员应与岸上测量人员配合一致，待正位后方能下桩。

②截桩时应采取措施避免桩身损坏，在桩帽、墩台等现浇混凝土的强度未达到5MPa前以及30m范围内不得有锤击沉桩作业。

③沉桩时桩的坡度由打桩架来保证。

④在黏性土中沉桩，应以高程控制为主，贯入度作为校核；桩尖在砂性土层或风化岩层时，应以贯入度控制为主，高程作为校核。沉放后，桩顶高程须控制在规范允许偏差(+10cm，-5cm)以内；沉桩过程中应根据沉桩贯入度的实际情况调整锤击能量，并保持桩锤和桩身在同一中心线，并保持桩锤、桩帽和桩身在同一中心线上，防止偏心锤击。

⑤沉桩结束后应及时夹桩，夹桩应牢固可靠。夹桩时不得采用拉桩方式进行纠偏，施工船舶不得碰撞、挤靠桩身，不得在桩上系缆，已沉桩的区域应设置明显标志，夜

间应挂警示灯。

⑥沉桩区需要先行开挖时，应综合分析该区域的坡度、挖泥深度、土质等状况后，再视其具体情况，确定间歇时间，以确保岸坡稳定。

⑦沉桩结束后，在抛石和回填前，应将塌坡泥土和回淤浮泥清理干净，在抛石和回填过程中，应定时测量回淤量，在遭遇大风暴等特殊情况时，应及时测量回淤量，必要时，还应再次进行清淤处理，坚持做到现清现抛。

⑧沉桩过程中，发现下列情况应暂停施工，并及时查明原因，采取有效措施进行处理：

a. 贯入度剧变；

b. 桩身发生突然倾斜、位移或有严重回弹；

c. 桩头或桩身出现严重开裂或破碎。

⑨沉桩过程中应加强对周围建筑物及环境的观测与监护。

(3)钻孔灌注桩施工

①水上施工平台、泥浆供应、混凝土供应、水电供应等应根据具体的施工环境和施工要求进行设计。桩架平台、钻机平台底座必须稳定可靠，确保在钻孔过程中不发生倾斜、移位。

②护筒的强度和刚度应满足要求，护筒高程和埋设深度应符合设计要求，埋设稳固。固定钻机时，应避免钻机和护筒直接接触，防止钻机挤靠护筒。

③泥浆的配方和性能必须满足要求，钻进过程中需对泥浆性能进行跟踪监测，泥浆的排放必须符合环保规定，不得对水域产生污染。

④成孔设备应根据不同的地质条件、设计的孔深、水深及桩的尺寸进行选择。

⑤钻进过程中应采取有效措施，防止护筒变形、塌孔、卡钻、掉钻等情况的发生；一旦发生上述情况，应立即停钻，查明原因并采取有效措施及时处理。

⑥钻进至预定高程时，应立即进行清孔。清孔方法可根据不同土层性质、沉渣厚度要求和施工机具综合考虑。

(4)岸坡施工

①岸坡施工应按设计要求分段、分层进行，施工进度应与码头桩基施工、后方陆域施工进度相协调，合理安排开挖施工顺序。

②打桩施工应减少打桩振动对岸坡的影响，同时应加强监测，及时分析掌握岸坡变化情况，并视岸坡稳定情况及时调整施工速率。

(5)上部结构安装

①构件预制质量应符合相关规范和标准的要求。构件在脱底模、移运、堆放和吊装就位时，混凝土的强度不应低于设计要求的吊装强度。吊装过程中，应对吊装构件采取适当的保护措施。

②安装构件前，应在调研和技术经济综合分析的基础上合理选择安装机械，且必须对构件外形及其预埋件尺寸和位置等进行检查，其偏差不得超过设计和规范允许值。

③吊装应编制专项方案，确保起重船移位最少、效率最高，且安装后易于分段形成整体。采用陆上安装时，应根据梁板的负荷能力划分起重机各次驻位的方向和支腿支承点的位置。

④构件安装就位后，应立即采取措施予以稳固。

⑤预埋铁件应避免外露，必须外露的预埋铁件应采取防腐措施；构件节点采用预埋铁件连接时，宜采取间隔焊法，以保证混凝土的质量。

(6)上部结构现浇混凝土施工

①模板设计时应考虑风、波浪、水流等的作用力；模板支承系统均应有足够的强度和刚度。

②浇筑混凝土时应考虑风、波浪、水流对现浇混凝土质量的影响，并采取有效措施防止波浪和水流的冲蚀。

③浇筑码头面层混凝土必须采取原浆抹面，表面平整度和排水坡度应满足设计和规范要求。

④为防止码头面层混凝土开裂，可采用切缝机切缝。切缝位置应设在构件受力较小部位，切缝应在混凝土强度达到 10 ~ 15MPa 时进行，深度小于 20mm，并用沥青灌填。

⑤每一结构段均应埋设永久性测量控制点及标志，以便使用期间进行位移和沉降观测。

(7)桩间棱体抛填

①抛填前应对开挖的岸坡进行复测，并通过试抛以确定抛石船位置及抛填高度，以便选择合适的装船、定位方式。

②抛填应由水域向岸方向分层进行，基桩两侧应对称抛填，并严格控制抛填速率。

③抛填时应采用测深水砣打水等方式测深、对标，防止漏抛、超抛。

(8)墩台施工

①施工前，应根据进场材料，经试验确定生产配合比。

②墩身正式浇筑前须通过浇筑试验墩，获取需要的技术参数，试验墩总结报告应

经监理批复后，方可作为规模施工的依据。

③采取分次浇筑的墩台，必须在方法和工艺上采取相应的措施，以提高其外观和质量。

④为防止钢模板锈蚀，钢模板的内表面应采取喷砂除锈，涂刷模板漆。

⑤为解决砂浆垫块出现的尺度不规范、松散和强度不足的问题，使用定型模具制作垫块，并使用分类养护池养护。

⑥墩台浇筑应从中部开始，避免受力不均导致悬臂下沉。

⑦墩台施工结束，应进行全桥水平、中线及跨度贯通的测量，并标出墩台的支座十字线、中心线等。预留的孔洞应将其内部积水排出后进行封闭。

(9)施工期岸坡的稳定性控制

①码头施工应采取岸坡稳定性控制措施，防止岸坡失稳产生滑移的现象发生。

②严格控制开挖和抛填顺序，开挖和清淤施工应遵循从坡顶往坡底施工顺序，抛填应遵循从坡底往坡顶施工顺序；开挖时应采取分段、分层施工，开挖的基槽必须经验收合格后方可抛填砂垫层。

③选择合理的打桩施工方式，加强动态监测，减少对岸坡的影响。

④对岸坡进行稳定性监测，应合理布置监测点，深层测斜仪的间隔不得超过80m，埋入深度应在码头前沿设计挖深的2m以上；严格控制岸坡的侧向位移标准，总位移不得超过30mm，速度不得超过4mm/d；连续三天的累计位移大于10mm时，应按照异常情况进行处理，并对施工速度做出相应调整。

4)板桩码头

(1)板桩打设

①打桩需设置导向梁或导向架，控制墙的轴线位置，保证桩的垂直度，减小桩的平面扭曲，并提高打桩的效率。

②一般情况下采用锤击法，如遇砂土地基可改用振动法。为提高打桩效率和避免打坏桩头，宜采用大锤实行“重锤轻打”。

③板桩施打过程中易受接合部分的摩擦、锤打偏、土压力作用等因素的影响，而导致板桩偏斜，应采取有效预防措施，并及时予以纠正。

④当土层变化较大，且需分区确定桩长时，钢筋混凝土板桩“宜长勿短”，以避免在现场接桩，影响施工进度。

⑤采用模袋混凝土灌注板桩间接缝凹槽的空腔，应在灌注前将泥土及杂物清除。

⑥冒梁或胸墙浇筑应在板桩间凹槽空腔中的混凝土和砂浆强度达到设计和规范要

求后进行。浇筑前应对板桩顶部的混凝土进行凿毛处理。

(2)钢拉杆安装

①安装前应对钢拉杆规格和防腐进行检查，并应提前进行拉杆杆体包裹层的施工。当采用沥青麻絮包敷时，不得出现空鼓和浸沥青不透等现象，拉杆丝应采用黄油保护。

②加强对拉杆成品的保护，防止拉杆在堆存和吊运过程中产生永久变形和防护层及丝扣等遭受损伤。

③拉杆安装应按设计要求施加预拉力，并根据墙后的回填进度对拉力进行调整。

④回填覆盖前应对连接铰、张紧器和螺母等此前未作防腐部位进行防腐处理。

⑤拉杆安装后应及时施加并调整初始应力，并采取措施减小拉杆的挠度。

⑥每根拉杆接头不允许超过1个，接头间距不应小于1m。

(3)墙后回填

①板桩墙后回填应在拉杆安装后进行，填筑时，应沿码头纵向均匀进行。

②合理选用墙后回填材料，水下部分宜用砂、砾石、块石等透水性好的材料；水上部分宜用砂、石和无腐蚀性、无膨胀性的黏性土。对地震基本烈度在6度及以上的地区，禁止填易液化的粉砂、细砂及亚砂土。在钢板桩墙后及拉杆周围严禁用煤渣、矿渣等含腐蚀性成分的材料填筑。

③夯实应分层进行，夯实过程中应严格控制施工速度，并经常观察板桩墙和锚碇体的变形和位移情况。

④钢筋混凝土板桩接缝，应作必要的处理，以防止墙后填土的流失。

⑤钢筋混凝土板桩或钢板桩施打过程中出现严重脱锁，形成较大缝隙的，应在缝隙的墙后补打板桩进行堵漏。

5)斜坡码头和浮码头

(1)应根据水深、流速、地质情况及所采用的施工设备等条件确定水下开挖方法，开挖过程中应及时检查开挖范围并控制高程。

(2)钢筋混凝土现浇轨枕、轨道梁中心线位置和顶面高程定位必须准确无误；预埋件数量位置应准确无误。

(3)斜坡码头预制纵轨枕、轨道梁等构件的制作、安装、施工必须满足设计或规范相关要求。

(4)斜坡码头的斜坡砌石面层施工时，应充分考虑可能使面层产生不均匀沉降的施工影响因素。

(5)趸船就位应根据水深、流速、流向、水域和水底土质等情况，按设计系留方式定位，确定锚位及抛锚顺序，并按设计要求吊装撑杆体系。趸船就位应准确、稳固；趸船定位后，锚链应绞紧，撑杆应锁定。

(6)挡墙墙后回填要严格控制回填密度，水下抛石回填应保证石料级配，抛石前基槽尺寸、沉积物的检测数据必须符合设计及规范要求。

6)码头附属设施安装

(1)系船柱

系船柱表面应平顺、圆滑，不得有裂缝，不得有严重节瘤、铁豆、结疤和缺角，飞边和毛刺应铲平、磨顺。底盘应平整，无明显翘曲和节瘤、浮渣，螺孔应干净光滑。系船柱安装应保证方向正确，螺母拧紧，螺栓外露2~3扣，但不得高出底盘。

(2)橡胶护舷

橡胶护舷底盘应与码头接触紧密，螺母需满扣拧紧，螺栓外露2~3扣，螺栓顶端应缩进护舷内，橡胶护舷安装偏差应符合规范要求。

(3)爬梯

爬梯安装位置应准确，线形顺直，无明显弯折和偏扭。杆件接头应平顺，焊缝饱满、均匀。

(4)预埋铁件

预埋件严格按照设计图纸要求埋设，混凝土浇筑前应检查预埋件是否漏埋、错埋及定位是否准确等，严禁混凝土浇筑后凿除补埋。

7)码头预制构件制作、吊运、存放和安装

(1)预制构件混凝土浇筑前应对预埋件的埋设以及预留水电孔进行检查。预制构件制作偏差应符合规范要求。构件预制后应按照梁板布置图的要求统一编号。

(2)预制构件混凝土强度满足设计和规范要求时方可进行起吊作业，吊钩应严格按设计图纸要求埋设。预制面板可采用多层堆放，但堆放层不得超过三层。

(3)安装前，应在构件搁置面上铺设厚10mm的水泥砂浆找平层，做到随安随铺，不得在砂浆硬化后安装构件。预制构件安装就位后，必须严格控制构件上的施工荷载，不得超过3kPa，当施工荷载较大时，必须进行构件强度和稳定性验算。

(4)上部构件安装完毕后，应进行验收，核对构件编号，检查安装位置，并复核高程。

8)码头现浇构件

(1)混凝土浇筑前，应检查钢筋的长度和数量及埋件是否符合设计图纸的要求。模板安装应牢固、平整。

(2)码头磨耗层混凝土浇筑时，应确保振捣密实，表面应采用原浆压实抹平、接搓平顺，拉毛或压纹均匀一致，不得有空鼓、裂缝、石子外露、浮浆、脱皮和起砂等缺陷。并做好防雨、防冻及养护等措施。

(3)码头面层坡向及护轮坎上预留排水孔必须按照设计图纸的要求施工，确保排水通畅。

(4)面层铺装混凝土未达到设计强度80%时，不允许车辆在桥面上行驶。

(5)护轮坎施工应做到面平线直，棱角分明，浇筑完成后应在其表面用调和漆涂刷黄黑相间斜向条纹。

9)道路与堆场

(1)道路施工应严格控制基层压实度和路基弯沉值，做到道路基层表面平整、路拱合适，路基高程、坡度符合设计要求。

(2)港区道路的铺面形式应根据港口使用功能、地基条件，兼顾投资确定。铺面基层施工前应对其下回填土进行压实。严禁采用软土(包括淤泥、淤泥质土、粉土)、建筑垃圾、有机质含量高及夹大块石的土回填。

(3)沥青混凝土面层施工应选用符合重交通道路石油沥青技术要求的沥青，沥青混凝土施工所采用的集料、配合比等应满足设计规定和质量要求。

(4)堆场施工过程中，应采取不同施工工艺处理的土基区域，交界处进行重点检查，防止不均匀沉降。

(5)排水明沟应严格按设计要求进行分段施工，沉降缝严格按规范要求进行设置；沟槽开挖后应及时安排垫层施工，如受水浸泡后必须重新进行处理。

(6)管道敷设应控制管道高程、坡度及顺直度；严格控制管、井接合部及井壁与井底基础接合部施工质量；管沟回填应根据不同的地质情况采取不同的回填方案，严格按照确定的专项施工方案进行管沟及构筑物的回填，确保回填质量。

10)码头及护岸位移过大、不均匀沉降的防治

(1)装卸工艺对码头试用期有变位要求时，必须采取措施减少变位。

(2)重力式码头必须沿长度方向设置20~50mm变形缝，做成上下垂直通缝，变形缝应采用弹性材料进行填充。

(3)基槽开挖时应及时核对地质情况，复核承载力，符合设计要求且经监理工程师确认后，方可进行下道工序施工；不符合设计要求时，应及时上报监理工程师，由施工、监理、设计等各方共同商定处理方案，并严格按照要求处理到位。

(4)当基床进行抛石处理时，应进行夯实工艺性试验，确保夯实效果达到要求后方

可进行规模施工。基床夯实后，采用“选点检验”法进行夯实检验，复夯点前后高差的平均值，即平均沉降量不得大于5cm。

(5)对回淤严重段落应采取防回淤措施，已产生的回淤应及时进行清理并经验收合格后方可进行后续施工。

(6)墙后排水系统严格按设计要求进行施工。

(7)合理安排墙后回填。回填料应采用符合设计要求，内摩擦角较大的填料，施工中必须分层压(夯)实，严格控制压实质量。

(8)严格控制港池疏浚超挖。

(9)加强测量放样工作，模板及支撑必须进行设计和验算，施工中应加强检测。

(10)胸墙混凝土浇筑应在下部安装构件沉降稳定后进行。

(11)合理确定预留沉降量。

(12)严格控制方块、卸荷板安装误差，尤其是码头工程水域侧不得产生偏差。

5.4.6 船闸工程

1)一般要求

(1)船闸施工应结合工程内容、地形地貌、气象水文条件等统筹安排施工围堰、导流截流和主体工程的施工顺序及方案。

(2)重点船闸工程应对施工全过程进行监控，并根据工程建设实际情况指导下一步施工。

2)施工导截流

(1)船闸施工围堰必须经设计，并应满足船闸主体施工和防汛的需要。对于在汛期存在的围堰工程，应对施工期洪水位、围堰是否过水、建筑物及人身安全和施工期度汛方案等进行论证。船闸主体施工过程中应对围堰进行监测和维护。

(2)根据工程实际，结合枢纽工程等，设计合理可行的导截流方案。依据导流标准优化导流方案，包括特殊情况预案。施工截流应符合下列规定：

①截流的方法和龙口位置及宽度应根据水位、流量、河床冲刷性能和施工条件等因素确定。

②截流施工宜选择枯水季节。

③易冲刷河床的截流段应有可靠的护底措施。

④合龙过程中，应根据龙口的水力特征值变化及时改换投料的种类、强度和方法。截流后应对围堰合龙段进行闭气加固。

(3)对导截流工程影响较大的船闸工程，应进行物理模型试验，以论证方案的合理可行性。

3)船闸主体施工

(1)在软土地基上现浇闸首边墩应进行对称施工。

(2)输水廊道模板应保证廊道的断面尺寸、曲率半径和线形的平顺。

(3)现浇混凝土或衬砌闸墙应采取防止闸墙内倾的措施，当分层浇筑时应控制其间隔时间。

(4)闸首底板的铰缝或闭合块的留置形式应满足抗渗的要求。铰缝或闭合块混凝土的浇筑应在闸首、闸墙沉降基本稳定和前期混凝土收缩基本完成后进行。

(5)闸墙采用板桩和地下连续墙施工时，应考虑墙体变形对帽梁前沿线的影响。

(6)二期混凝土施工前后均应对预埋件的位置和精度进行测量复核，并满足各种运转件安装的需要。

4)导航墙施工

船闸上下游导航墙应与闸首边墩平顺衔接，闸首处导航墙的施工应在闸首结构沉降基本稳定后进行。其稳定标准应根据地质条件、施工规模、埋置深度、结构尺寸和施工方案确定，一般可按照连续5~10d平均沉降量小于或等于2mm/d，或者土体固结度达到80%以上执行。

5)墙后回填及排水

船闸墙后回填应对称进行并应分层压(夯)实，边角等空间不大区域应采用小型压实机具，确保回填土质量。墙后排水系统施工应与回填施工协调进行，需保证排水系统的通畅，对有反滤要求的材料，必要时应进行淤堵试验。

6)裂缝防治

船闸放水前应对闸首、闸室和廊道混凝土结构的裂缝和渗漏等情况进行检查和处理。对于可能危害建筑物寿命的裂缝需采取必要防护措施。

7)预应力混凝土结构施工

预应力混凝土结构施工时，应根据工程需要埋设预应力钢筋及相应设备，保护预应力孔道。

8)工程验收

船闸工程施工完成后，应进行带荷运行试验，评价工程质量，组织工程验收。

9)质量通病防治

船闸施工中易出现沉降伸缩缝、施工缝处渗漏水，裂缝处以及墙面渗水或潮湿等质量通病，施工前应制订防治措施，加强施工过程精细化管理。

（1）闸首裂缝防治

①混凝土配合比设计应选用水化热较低的水泥，充分利用混凝土中后期强度，尽可能降低水泥用量。

②严格按设计规范和要求进行施工，严格控制保护层厚度。

③严格控制集料级配及其含泥量。选用合适的缓凝、减水等外加剂，改善混凝土的性能。

④泵送混凝土施工时应控制好混凝土坍落度，不易过大，一般在 120 ± 20mm，输送距离不宜过长。

⑤高温季节浇筑混凝土时，采用的砂、碎石材料应搭篷遮阳、通风，尽量使用地下水或冰水拌制，混凝土应防止太阳直晒。

⑥冬季混凝土施工时，应采取必要的保温和防冻措施，如加热、覆盖及掺入早强剂等。

⑦浇筑混凝土后，应及时采用覆盖、洒水等措施进行养护，保持混凝土面始终处于湿润状态。按规范和设计要求进行混凝土养生。

（2）沉降缝处渗漏水防治

①止水带的品种、规格、质量和焊（黏）接质量必须符合设计要求。

②严禁在止水带上打眼、割口或用钉子固定止水带。

③沉降伸缩缝分层施工时，其上下层的位置应一致，缝内不得有杂物。

④止水带与混凝土的结合应严密，不得发生卷曲。

⑤止水带安装应牢固，用成型的钢筋夹固，夹固的钢筋应与结构钢筋绑扎或焊牢，防止位移产生渗漏水。

（3）施工缝处渗漏水防治

①施工缝的留置要符合设计和规范的要求。

②凡嵌止水板、止水带的施工缝，必须保证止水板（带）的位置准确，构造符合设计要求，且应注意在止水板（带）上、下（左、右也同）结构的配筋情况，做好细部构造处理。

③施工缝界面及钢筋的清理、润湿应按照规范要求进行，后浇带应用强度等级提高一级的混凝土浇筑，宜在混凝土内掺入适量的微膨胀剂，完成后应及时覆盖保湿养护。

10）施工控制及检测

船闸工程施工需注意“降水、保温、变形”三方面核心问题，以控制地下水、控制混凝土温度、控制安装误差和变形。重点工程或施工工艺复杂的工程应由第三方提供施工检测和监测，并进行评价和施工指导。

11)船闸附属设施

(1)系船设施制作和安装

系船柱、系船钩表面应平顺、圆滑，不应有裂缝、严重节瘤、铁豆、结疤和缺角。飞边和毛刺应铲平、磨顺；底盘应平整、无明显翘曲、节瘤浮渣。螺孔应清理干净，加工精度应符合设计要求；系船柱、系船钩安装方向应正确，不得露出墙面、高出底盘；浮筒体制作完成后，必须做水压或气压试验。

(2)护角、护舷制作和安装

护角材料的种类、型号、规格应符合设计要求；钢护舷的焊接除锈和防腐等应符合设计要求和有关规定。

(3)铁栏杆的制作和安装

立柱与基础必须连接牢固，栏杆应顺直、线条整齐，无明显弯折和偏扭，且接头平顺，焊接饱满、均匀。

(4)铁梯制作与安装

铁梯安装必须牢固，焊接或螺栓固定必须符合设计要求。

(5)拦污栅制作和安装

拦污栅就位后应重新提放一次，提放过程中不得有明显卡阻现象，就位后底横梁应和栅槽底坎接触紧密。

12)其他

严格控制钢闸门的焊接质量和电器设备的安装质量，船闸工程应在验收前进行门、机、电联合调试。

5.4.7 航道整治工程

1)一般要求

(1)工程施工应严格按照设计要求实施，重点控制坝体结构尺寸，护坡、岸壁、护底等砌石、混凝土结构的施工质量。避免水上沉排出现卷排、叠排、达不到设计所预期达到的护底范围，以及混凝土质量不满足要求等质量问题。

(2)施工前应根据整治项目的总体设计、河势变化、建设分期和施工条件等，对整治建筑物和航道疏浚的施工顺序、施工周期和工序衔接等进行统筹安排。对于受河势变化影响较大的整治建筑物宜先行安排关键性工程施工。

2)施工技术要求

(1)采取疏浚开挖新航槽时，应合理确定施工水位，延长施工作业期。新的引河开挖或航道裁弯取直工程，可采用陆上开挖中段、挖泥船开挖两头的方法施工，段间土埂可采用爆破与疏浚相结合的方法清除。

(2)复杂河段和河口段工程施工须采取动态管理模式。施工中应对河段的水流、冲刷、回淤和河势变化等进行观测或试验研究，并根据观测和试验研究成果对设计和施工进行适时调整。

(3)陆上炸礁与水下炸礁的分界线超过设计最低通航水位1.0m以上，工况复杂的应由设计单位根据工况和施工条件分析确定。炸礁的爆破方法应根据工程规模、开挖要求、地质情况、环境条件和安全要求等进行选择。

(4)水下爆破采用的钻孔船位置必须准确定位，锚定牢固并应经常校核。钻孔位置偏差，内河不应大于200mm，河口不应大于400mm。

(5)无备淤深度的航道疏浚工程，设计底边线以内水域的开挖范围应满足设计要求。开挖断面不应小于设计开挖断面，设计底边线以内水域严禁出现浅点。

(6)有备淤深度的航道疏浚工程，设计底边线以内的中部水域不得出现浅点。边缘水域的底质为中、硬底质时，不得出现浅点；边缘水域的底质为软底质时，浅点不得在测图的同一断面或相邻断面的相同部位连续出现，且浅点数不得超过该水域总测点数的2%。

(7)挖岩与炸礁清渣应满足设计要求，开挖区内不得出现浅点，平均超深不得大于1m，平均超宽不得大于4m，边坡不得陡于设计边坡。

(8)护底和护滩施工应与堤坝、护岸等整治建筑物施工相协调，对冲刷严重区域应提前进行护底和护滩。

(9)护底和护滩区域在铺设和沉放排体前，应施测沉排区域的河床地形。对重点部位应进行扫床和探摸，对木桩、沉船、铁锚和块石堆等凸出的尖锐物应予以清除或处理。

(10)陆上护滩施工时，排体宜由人力铺放，排上铺石时应防止损坏排体。

(11)浆砌条石和块石面层宜采用坐浆法砌筑。错缝和灰缝应符合设计要求和有关标准的规定，砌筑砂浆应饱满，勾缝应密实牢固。干砌块石应相互错缝并坐实挤紧，不应松动、叠砌和浮砌。

(12)采用块石灌浆护面时，应先将块石理砌平整后再灌注砂浆，砂浆应灌注饱满。

3)施工测量、监测与评价

航道整治工程施工过程中，应加强整治效果的测量和监测，并对整治效果进行初步评价。

5.5 施工环境

5.5.1 一般要求

1)驻地建设

(1)驻地办公区、生产区选址应避开危险区域，设在水文、地质良好的地段，应通水、通电、通信畅通，方便生产生活。

(2)生活区、办公区分开设置，布局合理、功能齐全、整洁美观。办公区、生活区、试验室、钢筋加工场、构件预制场以及拌和场等面积应满足合同和工程建设要求。

(3)施工单位应在办公区入口处或醒目位置设置“一图五牌”，即驻地平面布置图、入场告知(提示)牌、工程公示牌、安全管理规定牌、安全生产警示牌、项目部施工危险源发布牌。

2)场地建设

(1)场地建设包括拌和站、钢筋加工场、混凝土预制场，以及规模大、周期长和施工作业相对集中的工点。

(2)在场地入口或醒目位置，应设置“一图四牌”，即工程公示牌、安全管理规定牌、单元预警牌、主要管理人员名单牌。

(3)港口、船闸等工程的混凝土拌和站、构件预制场和钢筋加工场等场地建设，必须混凝土集中拌制、构件集中预制、钢筋集中加工。

(4)原材料、半成品、成品材料存放场地按合同要求进行场地硬化、搭棚覆盖、建设库房，确保不淋雨、不受潮、不损坏。

3)便道建设

施工便道应符合合同要求及使用要求，便道的两侧应设置边沟和排水沟，便道急弯、陡坡地段必须设置安全护栏和醒目的安全警示标志，岔路口设置方向指示牌。

4)施工现场

(1)施工现场应做到布局合理，标志清晰，施工区标志设置醒目，严禁非施工作业人员进入施工区域。

(2)机械设备及船舶等停放整齐，现场钢筋、模板、支架以及砂石等材料堆放有序整齐，保持整洁。

(3)预制块集中预制、砂浆集中拌和，人工拌和混合物时底部采用钢板，保持施工现场整洁。

(4)疏浚船舶应妥善保管使用的各种油料，废弃油料及生活垃圾应收集后统一处理，不得随意丢弃，避免污染施工河道。

5.5.2 航道工程

1)抛泥区围堰

(1)抛泥区围堰填筑必须将清除的地表杂草、树木、腐殖土、耕植土、淤泥等堆放到指定弃土场。

(2)抛泥区围堰填筑后应及时进行边坡修整，并进行外边坡植被防护。

(3)抛泥区围堰外边坡坡脚外，应开挖排水沟，设置沉砂池；排水沟与坡脚应留设平台，保证坡脚稳定。

(4)抛泥区围堰周边应设置抢险应急通道，保证围堰抢险道路通畅。

2)泄水口建设

(1)泄水口施工前应进行现场考察和专业设计，泄水口设置应远离民用取水口。

(2)泄水口应设置过滤帘、泥砂池，防止泥浆直接排泄。泄水口、泄水通道应设置消能池、消能坎，泄水通道两侧应进行防护处理，防护范围不小于10m。

3)疏浚抛泥

(1)排泥管线布设应做到线形流畅，接口密实不漏浆，穿堤时埋入地面，开挖地面硬化处理。

(2)疏浚作业应分层进行，在岸坡作业时，分层厚度不得大于2m，防止崩岸。

4)土方开挖

(1)土方开挖施工应有完善的临时排水设施。

(2)航槽土方开挖应分层进行，开挖后及时进行航槽边坡修整、防护，防止雨水冲刷。

(3)土方开挖后及时整理场地，保持现场平整。

5)堤防填筑

(1)堤防填筑前应进行场地清理，并将弃土运到指定弃土场。

(2)填筑边坡应及时修整、夯实，坡面应分段设置临时排水槽，防止雨水冲刷。

6)护岸工程

(1)疏浚土方开挖完工后，应及时按设计断面进行边坡修整，保证岸坡线形流畅，坡面平整。

(2)护岸工程施工前，应进行坡面清理，清除杂草、树木，整平坡面。浆砌片石、预制块护岸坡面砌筑前应夯实。

7)软基处理

(1)软基处理施工前应清理、平整场地，开挖排水沟，硬化进场道路及材料堆放场地。

(2)置换处理的弃土、桩基处理的弃土及泥浆应堆放到指定地点，运输车辆必须采取防漏撒措施；弃土场应及时整理，保持整洁，必要时应进行防护处理，防止水土流失。

5.5.3 船闸工程

1)基坑开挖及回填

(1)基坑开挖上口线应设置硬性防护，并设立相应指令标志。

(2)基坑开挖成型后应立即进行修整，并完善排水设施。

(3)对于软土基坑边坡宜采用土工布覆盖或喷水泥砂浆等措施进行防护。

(4)开挖坡面及堆(弃)放的土体要保持表面平整、边坡稳定，有序堆放；坡面应密实，遇到不良气候或环境时，施工现场应采取相应防止坍塌措施。

2)基础处理

(1)钻孔灌注桩施工时合理布设泥浆池，严禁泥浆随意排放。

(2)粉喷桩施工前应进行水泥输送管道的密闭性检查，防止漏粉对施工区造成污染。

(3)水泥搅拌桩、高压旋喷桩施工时，应及时对翻浆进行清理，严重的应集中处理，防止翻浆造成污染。

3)上下游导靠船段

(1)土方开挖按批准的施工方案进行。航槽土方开挖应分层进行，土方施工时及时完善临时排水设施。开挖后及时进行航槽边坡修整、防护，防止雨水冲刷。

(2)土方开挖后及时整理场地，保持现场平整。

5.5.4 港口工程

1)桩基施工

泥浆池周边应设置硬性防护。

2)抛石基床施工

(1)施工区域应设置拦河绳等导航警示设施，并安排专人现场监测、管理往来船只。

(2)驳船、潜水工作船作业时应有专人指挥，停止作业时须在指定地点集中停泊。

3)围堰填筑及拆除

(1)围堰填筑应考虑对河道的影响，预先设置导航警示设施。

(2)围堰填筑时中部应留设平台，以保证边坡稳定，填筑后及时进行边坡修整。

(3)围堰周边必须留设抢险应急通道，保证围堰抢险道路通畅。

4)基坑开挖及支护

(1)基坑开挖施工时应及时完善临时排水设施。

(2)基坑土方开挖应分层进行，开挖后及时进行基坑边坡修整、防护，防止雨水冲刷。

(3)基坑开挖后及时整理场地，保持现场平整，基坑周围设置警示标牌和防护，防止意外事故发生。

5)堆场及道路施工

(1)施工前应清理、平整场地，开挖排水沟，埋置排水管，保证雨水通畅，排水管、排水沟等排水系统应与地方水系连接。

(2)保持晴天及时洒水，现场不扬尘。

5.6 环境保护

5.6.1 一般要求

施工单位应制定项目环保目标及完善的管理制度；建立环保组织体系，设置专职环境管理人员。

5.6.2 管理方案

(1)施工单位应制订环境保护管理方案，施工单位在制订环境保护管理方案时，应识别、评价在施工过程中，对环境产生影响的环境因素，确定重要环境因素，并制订管理措施，以减少或降低施工过程对环境的影响。

(2)制订环境应急预案，针对水运工程施工中可能发生的无法预料的事件，施工单位应准备必要的措施解决类似紧急事件。

(3)环境管理方案及紧急预案均需报监理工程师审批，报业主备案。

5.6.3 人员培训

施工单位制订培训计划并进行考核。按计划安排培训及环保安全技术交底，以确保所有施工人员了解相关的环境法规、合同中规定的环保要求，熟悉施工项目的环境保护管理方案及完善的管理制度。

5.6.4 施工场地

施工场地及其各个组成部分，如办公区、试验室、料场、拌和站、预制场等的建设、布局和范围，均需按照尽量减小环境影响的原则进行规划、设计、修建和管理。

5.6.5 控制要点

1)废水

(1)施工活动产生的废水会影响到水生生态系统和水体质量。施工单位应向业主及监理工程师提交施工方案，详细说明施工过程中产生的废水如何收集、存储和处理。施工单位必须遵守国家有关废水排入河道的法律。

(2)航道泄水口设置应远离民用取水口。泄水口应设置过滤帘、泥砂池，泥浆不得直接排泄。

2)固体废弃物

(1)在施工期间，建筑材料及开挖土方应尽量重复使用，以减少废物处理量。

(2)对于疏浚工程等产生固体废弃物较多的工程应单独编制废料管理计划(其他项目可在施工组织设计中进行阐述、说明)，项目开工前，废料管理计划应通过监理工程师批准，并提交业主备案。废料管理计划应包含如下内容：

①废料利用方式和尽量减少废料的措施。

②废料堆放的场所及处理措施。

③对废料进行鉴别和分类，对于有害废料，必须采取适当的存放、收集、运输和处理方式。

④所有的建筑废料均应堆放在指定的处置场所(距离河流、湖泊、湿地、溪流300m以上)，所有的垃圾、金属、废油和施工中的废料均应在指定区域处理。

(3)疏浚船舶保管好各种油料，废弃油料及生活垃圾应收集后统一处理，不得随意丢弃，避免对施工河道的污染。

(4)对钢筋工程、模板支架及其他结构工程中加工剩余的短小材料或废料合理回收，充分利用。

3)空气质量

(1)应选择产生扬尘较少的施工方法，尽可能减少爆破作业。

(2)对运输道路进行硬化，减少扬尘。

(3)对于有废气排放的大型施工设备选址，应远离环境敏感目标，且设备应配备降尘、除尘措施。

(4)不得使用产生严重大气污染的或保养较差的施工设备或车辆。

4)噪声控制

(1)建筑材料运输道路的选择及运输时间，尽量将对居民和学生的影响降到最低。

(2)经过学校和集市时，运输车辆要减速行驶，禁止鸣笛。

(3)对敏感目标的噪声水平进行现状检测。

(4)机动设备应尽量远离噪声敏感目标。

(5)安装临时隔声板屏蔽或减少噪声。

5)水土保持

(1)土石方工程及软基置换处理的弃土、桩基处理的弃土及泥浆堆放在指定地点，运输车辆采取防漏撒措施，弃土场及时整理，保持整洁，必要时应进行防护处理，防止水土流失。

(2)开挖坡面及堆(弃)放的土体要保持表面平整、边坡稳定，有序堆放，注意坡面密实，遇到大雨或暴雨时应采用塑料薄膜覆盖。

5.6.6 环保检查

定期进行环保工作检查，并建立记录档案。

5.6.7 项目总结

项目完工后，提交环保管理总结报告。

5.7 安全生产

5.7.1 机构与职责

施工单位成立安全领导小组。项目经理任组长，副经理(分管安全)、总工程师、安全总监任副组长，成员包括各部门负责人和专职安全员。领导小组主要职责有：

(1)制订并落实安全生产管理目标以及安全工作计划。

(2)建立健全安全管理组织机构及安全保障体系。

(3)制定并落实各项安全生产管理制度。

(4)落实安全教育、培训，做好安全技术交底、班前会及“一线工人业余学校”工作。

(5)落实“三阶段安全风险分析与预防”制度和应急预案的演练工作。

(6)定期和不定期进行安全检查，对施工现场安全隐患进行排查整改，落实安全保障措施。

(7)按规定配备安全专职管理人员，保证安全生产费用足额投入、正确使用。

(8)定期召开安全生产例会。

5.7.2 安全管理制度

施工单位需建立如下安全生产管理基本制度：

(1)安全生产责任制及考核制度。

(2)安全生产专项费用使用制度。

(3)安全生产检查与奖罚制度。

(4)“平安工地”考核评价制度。

(5)安全事故隐患排查治理制度。

(6)安全生产教育培训制度。

(7)三阶段安全风险分析与预防制度。

(8)施工安全技术交底制度。

(9)施工安全风险评估制度。

(10)专项施工方案的编制与审核制度。

(11)安全生产应急管理制度。

(12)安全生产事故报告制度。

(13)劳动防护用品配备和管理制度。

(14)危险品安全管理制度。

(15)分包单位安全管理考评制度。

(16)特种作业人员管理制度。

(17)施工单位项目部主要负责人带班制度。

5.7.3 安全防护

(1)施工界面要清晰。施工单位应当根据施工过程安全生产需要，综合施工现场及周边施工作业环境、作业条件等因素，在施工现场易发生事故的危险部位设置有效的安全防护设施，将施工现场与外界隔离，实施封闭式施工管理。

(2)施工区域内的临时设施、工作平台等应按规定制订专项施工方案，并满足安全生产的要求。舢板、木筏、浮筒等水上临时工作设施，使用前，应进行24h重载漂浮试验。使用时应限定作业人数，配齐救生用品。水上构件吊装应按审批的施工方案施工，现场有专人指挥。

(3)在施工现场出入口处、施工起重机械、临时用电设施、脚手架、出入通道口、梯道口、沿线交叉口、孔洞口、桥梁口、基坑边沿、临空临边、作业场站、爆破物及有害危险气体和液体存放处等易发生事故的危险部位设置足够、明显的安全标志。

(4)作业人员应根据工作需要，佩戴安全帽、安全带、救生衣、防护服、防护鞋、防护手套、护目镜、防护面罩等防护用具做好个人防护。同时按照“有台就有栏、有孔就有盖、有轴就有套、有轮就有罩”的原则做好现场防护。

(5)施工船舶应证书齐全，在核定航区或作业水域内作业，船舶不得超载、偏载，禁止船舶在超过核定航行和作业情况下作业，同时应制订应急救援预案并定期演练；交通船应持证运营、配备救生设备、严禁超载。临时电缆应布设在规定区域，并有良好的防水功能。

(6)打入桩施工区域应设置明显的安全警示标志，作业前应对沉桩设备、安全装置进行检查；沉箱浮运拖带前，应按规定进行漂浮试验，拖带中，沉箱顶部应设置航行标志。沉箱移运前，应对气囊额定工作压力、牵引设施、移运通道进行检查或试验，在安全区域内作业。

5.7.4 三阶段安全风险分析与预防

结合工程进展情况，按照防范措施时效的不同，将事故预防分为预案、预控、预警三个阶段。

(1)预案

在项目业主总体预案编制完成后，施工单位在对施工工序进行风险评估的基础上，由项目总工根据工程特点和施工组织设计，编制合同段总体预案和专项预案，监理工程师审批。

(2)预控

施工过程中，在对重大危险源进行分析的基础上，对预案再细化、对防范措施再完善，每月底对当月预控目标的落实情况进行梳理，对下月重大危险源辨识与防控措施进一步分析、补充和完善。及时将预控信息告知专职安全员和安全监理工程师。

(3)预警

施工作业时，施工单位每天以“班前会”和“单元预警法”等形式，将当日作业单元的危险源及其防范措施向作业人员交底、告知、警示。

(4)单元预警法

根据作业内容、作业地点的不同，将管理对象划分为若干单元。通过对单元范围内的施工工序、施工环境、气象条件等安全隐患源排查分析，给作业人员提出相应的安全风险超前示警。

5.7.5 教育培训

施工单位应建立安全培训制度，制订安全教育培训计划，建立安全教育培训台账。通过企业三级安全教育、“三类人员”继续教育、“一校”(一线工人业余学校)和“一会”(班前会)等多种方式进行安全教育和交底。安全教育要结合生产实际统筹安排，坚持安全生产与技术培训相结合。

5.7.6 特种作业人员和特种设备

(1)从事特种作业的人员，必须通过专门的安全技术培训并考核合格，取得《中华人民共和国特种作业操作证》，方可上岗作业。特种设备操作人员必须持有《特种设备作业人员证》，特种设备操作人员必须严格遵守操作规程。

(2)特种设备：特种设备的安装、拆卸必须委托有专业资质的安装单位进行，特种设备管理部门应按规定定期进行检验申报。经有特种设备检验资质的单位检验合格，联合试车验收后方可使用。启用、停用一年以上的特种设备，还应向特种设备检验、检测机构申报检验。未经定期检验或检验不合格的特种设备，不得继续使用。

5.7.7 安全经费

(1)施工单位在投标时应按照招标文件的要求计列安全经费，且不作为竞争性报价。

(2)施工单位应按照施工组织设计的进度和计划编制年度安全经费使用计划，建立安全生产费用使用台账。

(3)每月编制安全生产费用计量报表，同时附采购清单、购置发票、发放记录、监理查验记录等，经项目经理签字并盖章后报监理审核。

6 工程监理

6.1 基本要求

6.1.1 组织机构

建立监理机构的质量、安全、环境保证体系，包括机构设置、人员配备、岗位职责、工作制度、监理程序、监理方案、监理手段及监理方法等内容。

水运工程宜采用一级监理机构。

6.1.2 监理计划

依据规范及合同文件，结合工程具体情况，编制监理规划及监理实施细则，监理规划应报送业主审批后执行。

6.1.3 监理工作制度

建立完善的监理工作制度体系，编制《监理机构及监理人员考核办法》、《工地会议制度》、《工作报告制度》、《信息资料管理制度》等各项监理工作制度。

6.1.4 监理人员

按合同要求配置监理人员，对于未取得监理工程师资格证书，且专业要求较强的监理人员需进行岗前培训，并经考核合格者，方可从事相关岗位工作。根据项目实际需要，不定期举行技术培训。

6.1.5 质量过程控制

(1)通过巡视、旁站、抽检等多种形式，督促规范施工，控制实体质量，对不合格工程指令返工，并按施工合同相关规定进行处罚。

(2)重点工序、关键环节、首件工程、质量控制点应实行全过程旁站监督，旁站的工程内容应在监理计划中予以明确。

6.1.6 内业资料

执行档案管理办法，及时收集监理抽检的质量保证资料并开展质量评定，做好监理资料的收集、立卷、归档及监理竣工资料编制工作。

6.2 施工准备阶段监理

(1)按照合同约定组织人员进场，根据项目监理合同文件规定，进行驻地建设。

(2)依据监理合同及省部相关工地试验室管理规定建立工地试验室，工地试验室在正式使用前应通过项目业主组织的能力核查并向质监机构备案后，才能开展工地试验检测工作。

(3)按照合同文件，检查施工单位进场人员、设备、场地、试验室建设等履约情况。

①监理工程师应对进场人员能力进行考核，对无法胜任工作的应提出限时更换要求。

②监理工程师应对进场机械设备进行检查，设备数量不应少于合同文件要求。设备型号等需要变更时，施工单位需提交书面申请，监理工程师审核同意后，方可进场。

③监理工程师应对施工单位试验室人员、仪器设备、试验室管理制度、仪器标定等进行检查，检查合格后，督促施工单位申请临时试验室资质。

(4)验证施工单位标准试验，必要时同步开展平行试验。

(5)参与永久工程使用材料料源考察，现场取样进行验证，根据考察与验证情况审批料源；对进场材料按规定频率进行抽检。

(6)现场监理机构在熟悉图纸基础上，结合施工单位报送的图纸问题清单，组织或参加施工图纸会审，形成审查意见，报项目业主审核。

(7)审批施工组织设计，在规定的时间内，组织专业监理工程师审查施工组织设计。提出意见后，报总监理工程师审核签认。需要施工单位修改时，由总监理工程师签发书面意见。施工单位修改后，报监理机构重新审核，符合要求后，由总监理工程师签认批准。对技术复杂关键性工程的施工组织设计应报业主审批。

(8)参加导线点与水准点的测量复核，并对结果进行审核、批复。

(9)对施工单位场站、驻地及施工便道建设情况进行检查及验收。

(10)审核施工单位质量保证体系、安全保证体系和环境保证体系及相关组织机构的建立。

6.3 质量控制

(1)重视施工准备。施工之前，对人员、设备、场地、原材料、施工工艺、环境条件，进行全面检查。

(2)把好开工关。严格审查施工单位的项目开工报告、分项工程开工报告及试验段开工报告，审定施工组织方案、施工工艺及设备配置等，经检查施工工艺合理，进度计划安排符合要求，各项施工准备工作符合开工条件后，批准开工；新工艺及工法、特殊地质、难点工程等，经建设单位组织各参建单位召开专项方案评审会或专家评审会，评审论证无异议后，严格按照执行。

(3)实行料源审批制度，对于粗集料、细集料、钢筋、矿物掺合料(硅灰、粉煤灰)进行料源审批。

(4)要求施工单位健全施工管理体系，包括质量保证体系、安全保证体系、环境保护保证体系，在施工组织设计、开工报告审核中，严格把关。

(5)船闸工程中闸首、闸室现浇混凝土浇筑，港口工程中钻孔灌注桩安装钢筋笼及水下混凝土浇筑、码头上部结构混凝土浇筑施工应进行全过程旁站监理。

(6)水运工程监理实行首件许可制，首件许可制是指为确保结构工程内在及外观质量，对施工单位重要部位或重要分项工程的第一件成品进行联合检查、验收，通过检查、验收达到要求后，该分项工程方能取得批量生产的许可。具体适用范围为：

①码头工程：桩基的第一根成桩、桩帽为首件；现浇纵梁、横梁、前边梁、轨道梁(第一次)为首件；第一片预制板预制、第一片靠船构件预制、码头铺装浇筑(第一次范围)为首件。

②堆场道路工程：不同填料、不同结构类型(碎石垫层、不同剂量水稳基层、不同配比沥青面层)的堆场道路工程试验段为首件；联锁块预制(第一批)为首件；不同类型的散体材料基础处理试验段为首件。

③船闸工程：闸首底板、廊道、空箱及闸室底板、墙体及导航墙、靠船墩墙体第一次浇筑为首件。

(7)组织专项检查，根据工程施工进展情况，有重点、有针对性地安排内业资料、原材料质量、混凝土质量、桩基础等专项检查工作。

(8)控制关键工艺，试验段或试验工程即为关键工艺，监理工程师全过程参加试验段或试验工程施工及总结工作，工艺标准上严格把关。

(9)严把试验、检测关。监理工程师抽检频率不少于施工单位自检频率的10%，施工单位的自检记录须有现场监理人员签字确认。

(10)每月定时召开工地例会，每月进行质量进度情况分析、技术总结，发现偏差及时调整，有不良趋势，及时通过召开专题会议，分析存在问题，找出原因，并采取有效措施，提前预防。

(11)质量问题监理人员一定要做到提前预防、及时纠偏、准确判断、快速处理。

6.4 进度控制

(1)要求施工单位根据合同工期制订进度总目标及阶段性目标。

(2)审核施工单位总体计划的符合性，施工单位年度进度计划必须符合业主总工期及阶段性目标的要求，编制月度计划要有可行性，并且要保证年度目标的实现。

(3)监理工程师对月度计划严格审核，并将其作为考核指标之一。

(4)建立工程进度日报制度，掌握每日工程进度情况，发现异常及时解决、协调。

(5)加强与业主的沟通，同业主协调解决影响进度方面的问题；根据项目业主的要求，督促施工单位修订计划，根据工程进展情况，为顺利实施创造有利的工作条件。

6.5 费用控制

(1)进场前完成工程量审核，建立计量台账。

(2)工程计量与支付。

①监理工程师在签发预付款支付时，应核对合同的规模和范围，检查确认施工单位具备支付条件后予以签认。对于包含多项有先后衔接的工程或分期修建的工程，应按照合同约定对前期工程和后期工程分阶段支付动员预付款。

②主要工程项目中间计量时应采用合理的工程量计算方法，工程合格方可计量，隐蔽工程应有现场监理工程师签认并附相关检测资料。

③在中间计量和支付的工作中，监理工程师应加强现场管理，避免工程变更的随意性，并做好工程计量台账。

(3)每月按期完成工程量计量工作。

(4)工程变更采用“四方”现场联合签认制度，并留存原始签认记录。

6.6 环境保护

6.6.1 一般要求

监理工程师应针对施工过程环境保护实施监理，分为环境达标监理和环保工程监理。

6.6.2 施工环境保护监理范围

1)环境达标监理

对施工单位在施工现场、办公生活区域、施工道路、料场和取弃土场采取的环保措施进行检查；要求施工单位做到噪声防治，废气、污水、固体废弃物排放达标，并做好水土保持工作。

2)环保工程监理

水污染防治工程、噪声污染防治工程、水土保持等绿化工程、土地复垦工程等的工程质量、安全、环保、进度、费用控制符合要求。

6.6.3 环保工程监理的工作内容

1)施工准备阶段的环境保护监理工作

(1)参加设计交底，熟悉环评报告和设计文件，了解工程建设项目的具体环保目标。

(2)审查施工单位的施工组织设计和开工报告，对环保实施方案提出审查意见，包括施工需保护的环境敏感点、具体的环保措施、环保管理制度和环保专业人员等。

(3)审查施工单位的临时用地方案是否符合环保要求，临时用地的恢复计划是否可行。

(4)审查施工单位的环保管理体系是否责任明确，切实有效。

(5)参加第一次工地会议，对工程建设项目的环保目标和环保措施提出要求。

2)施工阶段的环境保护监理工作

(1)对工地进行巡视或旁站监理。

(2)向施工单位发出环保工作指令。

(3)检查环境保护措施和成果。

(4)协助环保主管部门和建设单位处理环保突发事件。

(5)建立、保管环境保护监理资料档案。

(6)参加工地例会。

3)交竣工阶段的环境保护监理

编写施工环境保护监理总结报告，参与工程竣工环境保护验收和水土保持验收等。

6.7 安全监理

6.7.1 机构与职责

监理机构成立安全领导小组。总监理工程师任组长，副总监理工程师(总监代表)、安全工程师任副组长，成员包括各专业监理工程师。领导小组主要职责有：

(1)建立健全安全管理组织机构及各项安全管理制度。

(2)检查施工单位安全教育、培训工作，及班前会、“一线工人业余学校”开展情况。

(3)审查施工单位安全管理人员、特种作业人员资质。

(4)审查施工单位特种设备使用前的验收手续。

(5)检查施工单位安全生产落实情况，对施工现场安全隐患进行排查，并督促整改。

(6)审批重大安全技术方案及专项施工方案。

(7)审核安全生产费用计量与支付。

6.7.2 安全制度

监理机构需建立如下安全生产管理基本制度：

(1)安全生产责任制及考核制度。

(2)安全生产教育培训制度。

(3)专项方案审查制度。

(4)安全生产检查评价制度。

(5)安全事故隐患督促整改制度。

(6)三阶段安全风险分析与预防制度。

(7)特种设备及特种作业人员复核制度。

(8)安全生产专项费用审查制度。

(9)“平安工地”考核评价制度。

(10)安全生产应急管理制度。

(11)安全生产事故报告制度。

6.7.3 施工准备阶段

(1)编制安全监理规划，明确安全监理目标、职责、制度、工作内容和工作方法。

(2)编制安全监理实施细则，确定安全监理控制内容、措施，制订安全监理程序。

(3)熟悉设计文件，参加设计交底，了解设计对保证结构安全的施工技术要求和施工过程的安全注意事项。

(4)审查施工单位的安全生产保证体系，包括组织机构、安全人员、危险源的识别、安全管理方案、应急预案等。

(5)审查进场机械设备及安全设施。核查施工单位进场设备、安全设施的验收(检测)合格证和操作人员的上岗证。

(6)审查施工现场的安全环境。审查工地安全环境标准化建设的一般规定，场地选址、布置及管理，安全用电，消防管理等的合理性。

(7)审查施工组织设计中的安全技术措施、专项安全施工方案。不良地质条件下有潜在危险的土石方开挖、深水基础及围堰、打桩船作业、施工船作业、边通航边施工作业、水下焊接、混凝土浇筑、爆破工程等都应编制专项安全施工方案。专项安全施工方案必要时应组织专家论证。

(8)审查施工分包合同中安全生产责任条款，促进施工单位与分包单位强化安全意识，明确责任，落实安全保证体系。

(9)审查开工报告，对施工方案中安全措施、施工安全专项方案提出审查意见。对场地、设备、人员、单元预警、标志标牌、安全设施等情况进行符合性检查。

6.7.4 施工阶段

(1)认真履行有关安全生产的各项规章制度，定期进行自查。

(2)加强监督检查，监督施工单位按照国家的法律、法规、合同文件及批复的施工组织设计或专项施工方案组织施工，制止违规作业。

(3)监督安全专项方案或安全技术措施的实施，应急预案的演练。

(4)对施工现场安全生产情况进行巡视检查，对危险性较大的分部、分项工程重点巡视，必要时安排旁站监理。

(5)对发现的安全隐患应立即制止，并书面指令施工单位整改；情况严重的应签发

《停工通知单》并及时报告建设单位。施工单位拒不改正或者不停止施工的，监理工程师应及时向有关主管部门报告。

(6)严格检查安全防护措施和应急措施的落实情况，按规定进行月度安全专项经费的计量支付审查。

(7)督促施工单位安全自查，组织抽查或参与上级单位、建设单位的安全生产检查。

(8)建立施工安全监理台账。及时将巡视、检查、旁站过程中发现的有关施工安全隐患、事故苗头、监理指令及施工单位处理的措施和结果详尽及时的记入台账，并及时记录好安全监理日志。

6.7.5 交工验收阶段

(1)协助业主落实工程建设项目“三同时”的规定。

(2)审查安全设施是否按设计要求与主体工程同时建成交付使用。

(3)承担交工验收阶段质量缺陷和问题修复施工作业安全监理工作。

(4)编写施工安全监理总结报告，参与工程竣工安全设施验收等。

6.7.6 教育培训

监理单位应建立安全培训制度，制订安全教育培训计划，建立安全教育培训台账。所有监理人员每半年必须接受不少于1次(4学时)的安全培训，及时参加新技术、新工艺、新设备、新材料的安全教育和交底。安全工程师兼任施工单位一线工人业余学校教员，每季度至少授课1次，每月至少参加一次安全交底会、一次班前会。

7 项目管理

7.1 基本要求

(1)在项目管理中，积极推行、落实优质、平安、绿色的精品工程建设理念。

(2)针对水运工程项目勘察、设计、施工及验收阶段的不同特点实行全过程管理。

(3)按照水运工程的运行规律进行规范化管理，项目管理实行专业性、规律性、标准化管理，提升项目管理的效率和效果。

(4)工程项目实行项目责任制的团队管理，营造和保持有助于项目顺利进展的良好环境。

(5)工程项目实行目标管理，项目整体、项目的某一组成部分、项目的某一个阶段均应有明确目标。

7.2 项目管理策划

(1)项目业主在项目实施前期要强化项目管理策划工作，编制项目管理策划书，识别项目管理重点、难点和创新点，并认真贯彻到实际管理工作中。

(2)项目业主要完善现场组织机构建设，健全管理部门，配备数量足够、资格符合要求的人员组建现场管理机构，形成富有活力、技术过硬的专业项目管理团队。

(3)项目业主应建立健全管理制度与管理措施，积极探索、完善科学化的管理模式。建立科技创新机制，注重技术开发与科研成果的应用。

(4)项目业主应做好项目管理策划和顶层设计，建立健全管理制度，积极推行项目管理中的人本化工人管理、工厂化工点管理、精细化工艺管理和标准化工序管理。

7.3 质量管理

7.3.1 一般要求

(1)水运工程的各项工作(勘察、设计、施工)都应实施全面质量管理的工作程序。

(2)水运工程各项相关管理活动都应制订质量目标及质量计划，建立完善的质量管理体系，建立持续改进的运行体系。

(3)提倡日常管理精细化，以建设精品工程、推行精细化管理、开展精细化控制为载体，促进建设各方把粗活做细、把细活做精，保证工程局部和细节都满足技术要求。

7.3.2 质量管理机制

建立和完善“施工单位自控、社会监理、政府监督、用户评价”的工程质量管理机制，落实项目法人责任制和工程质量终身负责制，充分运用经济、行政、法律和舆论等多种监督手段，使工程质量处于全过程保证和监控之下，做到快速、有序、优质、高效地完成工程建设。

7.3.3 质量保证体系

(1)项目业主、施工单位、监理单位等参建单位均应建立质量保证体系组织机构，明确工作职责，健全质量管理制度。

(2)确定质量目标、质量方针，识别项目质量管理的重点、难点及创新点，提出质量标准及要求，并落实到工程施工组织设计和工艺方案中。

(3)项目管理负责部门定期对整个体系的运行实施进行检查及持续改进。

7.4 勘察、设计管理

7.4.1 勘察管理

(1)项目业主应加强合同管理，在招标文件中，明确勘察单位资质要求、勘查质量要求及勘察设计工期，明确违约责任。

(2)加强勘察大纲的审核管理，项目业主应组织专家对工程地质勘察大纲进行审查，对其合理性、可行性及可预见成果进行评审，评审通过后予以实施。评审后的工程地质勘察大纲应报省级主管部门备案。

(3)加强外业勘察验收管理。项目业主应组织有关单位和专家认真做好外业勘察验收工作，凡是主要勘察工作量没有完成、勘察深度不足的，不得组织验收，验收不合格的，不得开展内业设计工作。

(4)勘察成果评审。对于大型船闸或码头等水运工程项目，应由业主组织勘察成果评审，对勘察成果不符合要求的，应要求勘察单位进行完善，必要时进行补充或重新勘察。

(5)勘察监理。工程地质条件特殊、复杂的水运工程，业主应委托有相应勘察资质的单位，全过程进行独立的工程地质勘察监理。工程地质勘察监理单位应对勘察单位工程地质勘察工作开展监督、检查和验收，并形成工程地质勘察监理签认资料和工程地质勘察监理报告。

7.4.2 设计管理

(1)加强设计大纲的审核管理，项目业主应组织专家对重点工程设计大纲进行审查，对其合理性、可行性及先进性进行评审，评审通过后予以实施。

(2)设计成果评审。对于大型船闸或码头等水运工程项目，应由业主组织设计成果评审，对设计成果不符合要求的，应要求设计单位进行完善，必要时进行补充或重新设计。

(3)强化动态设计、优化设计工作。施工前及施工过程中，项目业主应组织设计单位深入现场，根据现场实际情况开展动态设计及优化设计。

(4)设计实施“双院制”。水运重点工程或结构复杂项目，建设单位应委托不低于设计单位资质的设计咨询单位，对设计文件进行“双院制”咨询审查及结构安全稳定性复算。咨询单位提出优化设计、节约造价的咨询意见，并形成书面报告。

7.5 安全管理

7.5.1 基本要求

在水运工程建设过程中，安全生产坚持以人为本，遵循“安全第一、预防为主、综合治理”的方针，加强安全生产管理，建立安全生产组织管理体系，制定安全教育培训、安全预防、安全生产、安全检查、应急预案等制度，切实避免或减少安全生产事故的发生。

7.5.2 机构与职责

水运工程重点项目由建设单位牵头，项目所有参建单位参与组成的建设项目安全生产管理委员会(以下简称“安委会”)。项目办主任任安委会主任。项目办副主任、项目办总工程师、总监理工程师任安委会副主任。项目办安全部部长任安委会办公室主任。安委会成员由项目办安全工程师、副总监理工程师(总监代表)、项目经理组成。

项目业主对所属工程项目安全生产负总责，项目办主任为安全生产第一责任人。主要职责有：

(1)全面负责本项目安全生产领导与管理工作。

(2)宣传贯彻国家安全生产方针政策，落实上级安全生产要求。

(3)制订安全生产管理工作目标及安全生产工作计划。

(4)建立健全安全生产管理规章制度。

(5)落实隐患源的排查整改及安全文明生产标准化建设等。

7.5.3 安全制度

水运工程建设单位一般需建立如下安全生产管理基本制度：

(1)安全生产责任制及考核制度。

(2)领导带班制度。

(3)安全生产会议制度。

(4)安全生产责任考核制度。

(5)安全生产专项费用管理制度。

(6)安全生产检查评价制度。

(7)三阶段安全风险分析与预防制度。

(8)安全事故隐患排查治理制度。

(9)施工安全风险评估管理制度。

(10)生产安全事故报告制度。

(11)危险性较大分部分项工程安全管理制度。

(12)“平安工地”考核评价制度。

7.5.4 三阶段安全风险分析与预防

(1)预案：在项目施工准备阶段，项目业主根据项目特点，在对项目进行安全风险评估的基础上，制订项目总体预案。制订预案时，应识别、分析、评估在施工过程中，容易产生安全问题的危险源，确定重大危险源，并制订管理措施，以减少或降低施工过程中的安全风险。

(2)预控：在预控阶段，由项目业主主持召开重大危险源辨识与防控会议，施工、监理单位安全责任人和安全管理人员参加，每月初召开一次，必要时邀请安全专家参加。

(3)预警：在预警阶段，项目业主每周对预警情况按“好”、“一般”、“差”进行评价，若两个月内三分之一以上单元预警效果评价为“差”，则该标段必须调整安全员，进行停工整顿。

7.5.5 教育培训

(1)业主单位应建立安全培训制度，制订安全教育培训计划，建立安全教育培训台账。每季度负责组织一次由项目安委会成员参加的安全教育，学习传达有关文件，总结分析本项目安全生产情况。

(2)主要管理人员每半年必须接受不少于1次(4学时)的学习培训。

(3)每季度业主负责组织一次施工单位的安全教育和培训情况检查。

(4)项目业主安全管理负责人(安全部长)不定期参加“一线工人业余学校”和班前会。

(5)督促做好安全警示和预警发布。

7.5.6 安全经费

(1)项目业主在编制工程招标文件时，应当明确施工安全生产条件及作业环境，依据国家规定的费率(港口与航道工程的安全生产费用总额不得低于投标价的1.5%)，确定所需的安全生产费用，单列安全生产费用项目清单，且不作为竞争性报价。

(2)项目实施过程中，业主应根据项目实际制定安全生产费用使用计量考评与奖惩制度，奖优罚劣，确保安全投入落到实处。

(3)项目业主应当至少每季度对施工单位的安全生产费用使用情况进行监督检查。

(4)项目业主对经监理单位审核的安全生产费用计量报表进行审查后，应按月审核，及时支付。

7.6 进度管理

7.6.1 一般要求

(1)水运工程建设进度控制与管理包括进度计划的编制、进度计划的实施、进度计划的落实情况检查、原进度计划的调整。

(2)建立职责明确的进度管理组织机构，健全管理制度。

(3)设置专职进度计划员，进度计划员需具备一定施工及计划管理经验，了解图纸、施工组织设计、方案等技术文件，能对施工进度动向提前做出预测。

(4)完善例会制度，每月召开1~2次生产调度例会。

(5)建立沟通渠道，各相关职能部门、生产负责人、计划员之间，需建立纵向、横向联系，每月上报进度月报，关键时期可采用进度日报制。

7.6.2 实施动态控制

项目实施过程中，要依据变化后的情况，在不影响总进度计划的前提下，对进度计划及时进行修正、调整。

7.6.3 及时支付工程进度款

为了使工程按合同要求进行，建设单位要严格执行合同，按合同要求及时支付工程进度款，以确保工程进度。

7.6.4 正确处理工期索赔

因甲方的原因影响工期，如水上水下施工许可证、抛泥证的办理，设计变更等，应正确处理，必要时顺延工期。

7.6.5 抓好材料供应

要求施工单位制订材料采购计划，监理工程师对其数量、质量进行检查，并按期汇报。

7.6.6 采用奖惩机制

对于完成进度目标的施工单位，采取合理的经济奖励，对于没有完成进度目标的，按照约定进行经济处罚。

7.6.7 实行四级进度计划管理体系

(1)制订一级计划(总控制进度计划)，即工程项目进度总目标。

(2)制订二级计划(阶段性工期计划或分部工程计划)，承包人在年度开工前或分部工程施工前必须上报生产计划，经监理、业主审核；业主在必要时下发阶段性工期计划或分部工程计划，相关施工单位应严格遵照执行。

(3)制订三级计划(月度或专项工作计划)，施工单位每月制订月进度计划上报监理工程师，经监理工程师批复后，作为检查与考核的依据。

(4)制订四级计划(专项工作计划)，对于影响进度的关键工序或关键性工作，专门制订进度计划。

7.7 费用管理

7.7.1 一般要求

(1)费用管理目标主要依靠费用管理计划的编制、执行和有效的控制来实现，动态控制贯穿于项目建设的全过程。

(2)加强图纸会审工作以及承包人的施工组织设计审批工作，力争使施工图设计更加优化，施工组织设计更加合理，以节省投资。

(3)掌握技术规范、工程量清单及工程量清单说明的内容，掌握工程具体项目的工作范围和内容、计量方式和方法。

(4)预测工程风险及可能发生索赔的诱因，制订防范对策，减少索赔的发生。

(5)如期提供施工现场，使施工单位能如期开工、正常施工、连续施工。

(6)处理变更与索赔。建立完善的变更审批制度及签认程序，合理、客观地处理变更与索赔。

7.7.2 费用计划的编制及执行

(1)费用(投资)计划依据总体进度计划和各个承包合同进行编制，费用(投资)计划包括实施阶段各个工程月度的投资额，作为费用(投资)的目标值。

(2)费用计划的执行主体主要是施工单位，在费用管理上要重点监督、检查施工单位投资计划的执行情况，确保投资计划在预定的计划范围之内。

7.7.3 费用管理目标的控制

(1)投资管理目标的动态控制，把计划投资额作为目标值，在工程实施过程中，定期对投资实际值与目标值进行比较，发现偏差，分析原因，采取措施，以确保投资目标的实现。

(2)投资管理目标的精细化管理，投资目标的实现具体反映到工程项目上就是工程实体的形成，工程实体由分部、分项工程组成，为了确保投资额不突破投资计划，必须从源头抓起，投资管理目标必须实现精细化管理，把每个单位工程分解到分项工程，以分项工程作为投资目标管理的基本单元。

7.7.4 工程计量

按合同要求时限和方法开展计量工作，准确复核工程量，建立计量及变更台账。

7.8 环境保护

7.8.1 一般要求

环境保护是项目管理的组成部分，在水运工程建设过程中，须遵循“绿色建设”的理念，保护环境，禁止污染、破坏环境的行为。

7.8.2 环保措施

1)环保组织建立

业主、施工单位及监理单位都应制定项目环保目标及完善的管理制度；建立环保组织体系，设置专职环境管理人员。

2)环保管理方案

(1)业主、施工单位及监理单位都应制订环境保护管理方案。

(2)施工单位在制订环境保护管理方案时，应识别、评价在施工过程中，对环境产生影响的环境因素，确定重要环境因素，并制订管理措施，以减少或降低施工过程对环境的影响。

(3)制订环境应急预案，针对水运工程施工中可能发生的无法预料的事件，施工单位应准备必要的措施解决类似紧急事件。

(4)环境管理方案及紧急预案均需报监理工程师审批，报业主备案。

3)环保培训

(1)业主、施工单位及监理单位均应组织培训与考核。

(2)施工单位制订培训计划，安排培训及环保安全技术交底，以确保所有施工人员了解相关的环境法规、合同中规定的环保要求，熟悉施工项目的环境保护管理方案及完善的管理制度。

4)施工场地

施工场地及其各个组成部分，如办公区、试验室、料场、拌和站、预制场等的建设、布局和范围，均需按照尽量减小环境影响的原则进行规划、设计、修建和管理。

5)检查与记录

定期进行环保工作检查，并建立记录档案。

6)总结报告

项目完工后，提交环保管理总结报告。

7.9 资料管理

7.9.1 一般要求

(1)水运工程建设单位、勘察设计单位、施工单位、监理单位均应重视内业资料的收集、整理及立卷归档工作，建立文件材料管理领导人责任制，配备专人负责文件材料的立卷归档工作，确保水运工程建设文件材料的真实、完整、准确与系统。

(2)各参建单位(建设单位、设计单位、施工单位、监理单位)项目部应设有专职资料档案员，资料员必须由工程类技术员以上的专业技术人员担任，各种技术资料应填写规范，及时准确，手续完备，分类清晰，查阅方便，文件资料的编制整理应符合交通运输部及安徽省交通运输厅颁发的有关竣工文件编制办法的要求。

7.9.2 资料管理范围

1)建设单位资料

(1)工程征地拆迁文件、招标文件、投标文件、评标文件、承包合同、合同谈判和竣工验收文件等。

(2)计量支付及工程变更、索赔资料。

(3)往来公文。

2)施工单位

(1)开工报告、施工组织设计、施工计划、施工日志、中间验收资料、施工原始资料、隐蔽工程资料、计量支付资料等。

(2)往来公文。

3)监理单位

监理文件材料包括监理通知、工作指令、开(停、复)工令、会议纪要、监理月报、合同文件、工程计量与支付文件、试验及检测资料、总监及参建单位的来往函件与公文等。

4)设计资料

水运工程设计文件材料包括地质勘察资料、施工图设计及设计变更文件。

7.9.3 档案资料室

参建单位应设置专用档案资料室，所有档案资料宜保存在专用金属柜内，专人负责收发；从事档案工作人员应具备相应专业技术知识；档案资料室应能防潮、防火、通风，配备消防设备。

7.9.4 资料整理与归档

(1)施工原始记录、检测及验收资料按分部、分项工程整理、归档。

(2)函件、公文、工作指令等按时间顺序分类编号、归档。

(3)档案由案卷封面和卷脊、卷内文件目录、卷内文件组成。

(4)归档文件材料，必须书写工整，字迹、线条清楚，纸张便于长期保管，格式统一。禁止使用圆珠笔、铅笔等不易长久保存的书写工具书写。

7.9.5 资料格式标准化

施工及管理过程中使用的表格、文件格式应统一，尽量采用统一、标准化设计样式。

8 信息化管理

8.1 基本要求

采用有效的项目管理信息平台，在建设单位、现场项目管理机构、设计单位、监理单位、施工单位、政府管理机构及营运管理部门等多单位之间实现信息资源共享，确保所有需要协调的信息迅速、安全地流通，提高整个项目管理工作的效率和效益。

8.2 模块与功能

8.2.1 建设管理系统(业主单位)

(1)质量管理系统：协调监理、第三方检测、政府主管部门与施工单位之间业务联系，查看施工单位自检报告、监理试验报告、第三方检测报告。对不合格项目进行处理。具体可包括合同履约管理、质量管理体系、试验检测数据系统、质量评定、竣工验收等功能模块。

(2)进度监控系统：查看项目整体推进图和组织计划图，实时了解项目进度情况。具体可包括进度计划、计划执行、进度统计、计划调整等功能模块。

(3)成本管理系统：查看项目成本支出，辅助财务决策等。具体可包括招投标系统、计量支付系统、竣工决算、财务管理系统等。

(4)合同管理系统：管理合同的文本资料、执行情况、支付情况等信息。

(5)安全与环境管理系统。

(6)辅助管理系统：可包括参建单位信息管理系统、人力资源系统等。

(7)项目公共信息平台：可包括公共信息获取与发布系统、安全预警系统、项目新闻发布系统等。

8.2.2 施工管理系统

该系统主要供施工单位使用，其主要功能是协助项目部对工程进行管理、收集并发布现场信息，对内业资料进行管理等。主要包含以下分系统：

(1)质量管理系统：存储质量数据，对质量状况进行评价，进行质量分析及改进。可包含项目检测工作系统、质量控制系统等。

(2)进度管理：制订合理的施工组织计划，生成施工进度图。识别进度问题，提出改进措施。

(3)费用管理系统：处理计量支付、变更及索赔等同费用相关的问题。

(4)现场安全管理系统：发布相关的安全规章制度，根据公共平台发布的气象与水文等信息对现场安全进行预警。

(5)环境保护管理系统：发布环境管理体系及相关制度，环境保护记录存档等。

(6)辅助系统：具有人力资源管理、采购管理及内业资料管理等功能。

8.2.3 监理信息系统

(1)质量控制子系统：包括质量检查记录系统及试验检测数据系统(记录监理试验室的试验数据，计算试验结果，生成并发布试验报告)，并具有质量控制决策功能。

(2)进度控制子系统：对项目施工进度进行记录，生成并发布监理周报、月报，辅助进度计划的调整决策。

(3)费用控制子系统：包括计量复核系统(监理对施工单位上报的计量、检测单位的检测工作量进行复核，并提交给业主确认)和变更、索赔管理系统。

(4)安全控制子系统：输入安全管理及检查记录，生成安全月报。

(5)环境控制子系统：输入环境管理及检查记录，生成环境管理月报。

(6)合同管理子系统：存储合同文本及合同变更信息，记录履约状态。

(7)文档管理子系统：利用计算机存储信息的高效安全性协助存储资料，并方便文件的传输与使用。

8.2.4 设计代表工作系统

(1)设计资料管理：发布各分项工程的各项设计指标数据，以便于监理、检测单位对工程质量进行评定。

(2)设计技术服务站：设计代表与施工单位交流的工作站，处理施工过程中出现的问题以及设计变更等事宜。

8.2.5 航道综合信息管理及服务系统

(1)为确保航运安全，针对航道特点，结合内河水运现状，建立包含水上交通综合信息系统。有效整合航道、船舶、管理等信息，提升航道安全管理和便民服务的效率和水平。

(2)系统可涵盖综合业务管理系统、工程辅助规划决策系统、公众服务系统等模块。

(3)综合业务管理模块可包含航道视频监控、航道流量视频分析、航道水位自动监测、航标电子遥测监控等。

(4)工程辅助规划决策系统可包括航道技术参数(航道等深线、中心线、横断面图等)动态计算及绘图，疏浚工程工程量计算、护岸工程工程量计算等。

(5)公众服务系统，可包括信息查询、接警系统等公众服务功能。

8.2.6 港口综合信息系统

(1)地理信息系统：对与地理位置相关的要素进行数字化处理后集成的信息系统。

(2)管理信息系统：港口日常运行管理中完成投资、审批、档案管理等工作所必须具备的管理信息系统。

(3)港口集装箱报单系统：在电子数据交换技术基础上形成的港口集装箱报单系统。提供交易数据的输入与输出；提供数据的综合汇总、分析、展示；提供交易数据的批量服务；提供技术咨询服务。

8.2.7 船闸综合信息系统

船闸信息管理系统可涵盖机电设备管理系统、综合业务管理系统、健康监测系统、公众服务系统等模块。

8.3 项目信息化管理实施

项目管理宜逐步推广、应用信息化技术，分阶段实施，逐步实现多方协同办公，提高决策管理水平及效率，实现信息共享。

9　结构健康监测

9.1　实施范围

（1）结构健康监测按工程建设过程可分为施工过程的监测和营运使用过程的监测。

（2）对于船闸闸首、闸室、重力式码头基础等大体积混凝土工程，新型、复杂的结构形式，影响结构安全的工程关键部位或者容易出现质量问题的重点部位宜在施工过程中实施健康监测。

（3）有条件时，对于营运中的船闸、港口工程、航道工程实施健康监测。

9.2　方案设计

9.2.1　实施项目

（1）结构的健康监测可分为静力监测项目和动力监测项目。

（2）静力监测项目主要用于监测静力状态下结构的位移、应力应变、测压管水位、渗流量、温度等，该方法稳定可靠、能较准确反映结构被监测部位的信息，但其只能反映结构局部的受力状态，不能评估结构整体状况。

（3）动力监测项目是利用结构的动力响应进行结构性态识别的方法，通过识别和提取结构动力特征（如频率、模态振型、模态应变、频响函数）了解结构所处的工作状态，实现对结构的安全评价。

（4）施工过程监控目前多采用静力监测，对于营运中的结构物，采用静力监测与动力监测相结合的方式。

9.2.2　设计准则

健康监测系统的设计须遵循功能要求和效益—成本分析两大准则。

9.2.3 系统设计

1)系统组成

结构健康监测系统由传感器子系统、数据采集与分析子系统、安全评定与安全预警子系统、数据管理及损伤诊断分析系统组成。

2)传感器选型

根据检测部位及指标选择光纤传感器(光纤光栅传感器、长标距 SOFO 光纤传感器、分布式 BOTDR 光纤传感器等),压电传感器,形状记忆合金、疲劳寿命丝(铂)传感器,纤维混凝土、纳米混凝土及碳纤维筋等传感器。

3)施工期传感器布置

(1)温度监测

应根据结构物的具体情况埋设测温点,测温点的位置必须具有代表性。应依据浇筑结构的断面尺寸、平面尺寸进行测点布置,在浇筑高度方向上的测点距离一般为500~800mm,在平面尺寸上一般为2 500~5 000mm,测温点距边角应大于50mm。为积累大体积混凝土的温度资料,施工时,宜有针对性地增加一些布点。

(2)应力监测

应力监测点的位置必须具有代表性,可以配合设计人员的要求来布置应力计。

(3)传感器安装

温度计和应力计的位置随钢筋绑扎工序的进行,来准确定位安装,对导线采取保护措施,以防混凝土振捣时受到损坏。

4)营运期传感器布置

结构施工过程中,应考虑营运期结构健康监测中传感器的布置。静力传感器集中布置在结构受力敏感及薄弱位置,动力传感器布点数量及位置要能保证准确获取结构实际的动力特征参数。

9.3 数据处理与分析

9.3.1 施工期数据处理与分析

(1)严格按照施工方案及监测大纲要求对数据进行采集,与理论计算值进行比较分析,保证施工过程的安全及施工质量控制。

(2)出现异常时,经过判定,检查监测系统或者相应的结构(根据测点所在位置),

及时查明情况，并采取一些必要的应急措施，同时对测值做标注，形成报表，会请有关专家做进一步的评估处理。

9.3.2 营运期数据处理与分析

（1）对结构的健康状况进行正确评价应合理有效地处理来自健康监测系统海量的不确定测量数据与信息。

（2）运用先进信号处理技术对结构的响应进行系统识别，获取结构的频率、振型与阻尼等模态特征参数，从而得到损伤指标，如基频、振型、曲率、模态柔度、应变能等，保证结构出现损伤后得到准确的诊断。

（3）物联网时代水运工程结构健康监测。

影响水运工程建筑物运营安全和健康的不利因素较多，必要时运用物联网技术，对水运工程建筑物运营期内结构安全和状态进行健康监测分析。

10　精品工程评价准则

水运精品工程认定工作分为申报、评审、公示和公布 4 个阶段。

10.1　申报

(1)项目业主根据项目定位、规模和质量标准，在项目开工前向安徽省水运精品工程认定部门提出书面申请备案表(见附表 1)，并负责落实相应的管理及技术措施。

(2)质量监督机构对申报精品工程项目进行过程控制和动态管理，项目实施阶段按照相关规范及本指南的要求，对申报项目进行现场核查。

(3)项目业主应在项目竣工验收后，向认定部门提交申请报告及相关证明材料，申报单位应对申报材料真实性负责。

(4)申报条件：

①工程项目开工前，已提交书面申请备案表。

②工程项目未发生安全生产责任事故。

③工程项目未发生工程质量责任事故。

④工程项目无环境污染或破坏环境，无环保部门的处罚。

⑤竣工验收工程符合工程建设标准强制性条文要求，建设项目实体检测得分达到 90 分及以上；外观质量的观感评分得分率达到 85% 及以上；内业资料审查基本齐全，建设项目资料核查评分得分率达到 90% 及以上。

(5)申报资料：

①精品工程申请报告。

②精品工程申请备案表。

③勘察、设计、监理、施工、业主单位总结报告。

④竣工验收优良工程证书。

⑤项目自评记录表。

⑥质量监督机构出具的水运工程质量鉴定书。

(6)申报时间为每年 2 月 1 日—3 月 31 日。

10.2 评审

10.2.1 形式评审

精品工程认定部门接到书面申请后，对申报资料进行审查，满足要求后方可进行专家评审。

10.2.2 专家评审

精品工程认定部门负责组建专家评审组，由安徽省内外从事勘察、设计、施工、监理、建设管理等相关方面的专家组成，人数为5~9人。

10.2.3 评审程序

(1)项目业主汇报工程建设期间质量、安全、环保等及试运营状况。

(2)专家评审组核查勘察、设计、施工、监理、业主等相关资料，对照精品工程要求进行评审，按附表要求进行综合评价打分，量化评分满分200分。总得分超过180分，其中有“*”项目打分不低于评分标准90%，推荐为精品工程。

(3)专家评审组精品工程认定报告。报告内容包括：工程概况、建设理念(绿色、生态、以人为本、节能等)、设计与勘察评述、施工质量安全情况、管理评价、科技创新、用户反馈评价、项目主要特色及需要改进的建议，提出工程综合评价及推荐意见。

(4)精品工程认定部门根据专家评审组形成的精品工程认定报告，结合项目质监机构出具的水运工程质量鉴定书及相关资料评定精品工程。

10.2.4 评审时间

评审时间为每年10月1日—11月30日。

10.3 公示与公布

10.3.1 公示

精品工程认定主管部门在精品工程评审结束后一个月内，将精品工程认定结果在交通管理部门网站及报纸上公示，公示期为7天。

10.3.2 公布

公示期结束以公文形式公布，并备案。

10.4 水运精品工程评分表

项目	要　求	分值	评分
勘察	1. 勘察方法、手段适当，积极采用新理念、新技术，解决关键性的技术问题　0～2分 2. 勘察工作大纲、勘察成果必须进行评审　0～1分 3. 勘察质量管理措施执行与落实　0～2分 4. 工作大纲评审意见执行与落实　0～1分 5. 勘察成果、勘察深度是否满足要求　0～4分	10	
设计*	1. 设计先进、安全、耐久，功能齐全　0～5分 2. 危险性较大的分部、分项工程经专家评审　0～6分 3. 质量管理措施、评审意见执行与落实　0～4分 4. 设计变更造价增加量(0～5%)　0～10分 5. 设计理念创新　0～5分	30	
施工*	建设项目实体检测得分大于90分；观感评分得分率大于85%；资料核查评分得分率大于90%　20分	80	
	1. 质量资料抽查(原材料、工序、评定)　0～10分 2. 安全生产　0～10分 3. 质量管理　0～10分 4. 施工标准化建设(驻地、场地、工点和工艺)　0～10分 5. 环境保护　0～10分 6. 进度管理　0～4分 7. 施工技术创新　0～6分		
监理	1. 监理单位资质及人员履约程度　0～8分 2. 监理规划及实施细则　0～2分 3. 监理职责及目标实现情况　0～6分 4. 科研与创新　0～4分	20	

续上表

项目	要　求	分值	评分
项目管理*	1. 项目管理机构建设　0～3分 2. 精品工程理念的措施及落实　0～4分 3. 质量、安全、环保等保证体系建设与执行　0～4分 4. 精细化施工、质量通病治理　0～6分 5. 科研与创新　0～3分	20	
信息化技术应用	1. 项目建设管理信息化系统　0～2分 2. 施工信息化　0～2分 3. 监理信息化　0～2分 4. 营运综合信息化系统　0～4分	10	
健康监测技术应用	1. 监控方案制订及专家评审　0～2分 2. 监控方案测点布置　0～3分 3. 监控记录与监控方案落实　0～3分 4. 科研与创新　0～2分	10	
用户反馈信息*	1. 交通、环境、安全等地方主管部门评价　0～12分 2. 用户评价　0～8分	20	

附录　精品工程申请备案表

精品工程申请备案表　　附表1

工程名称		工程类别	
等级		造价	
结构形式		工程所在地	
开工日期		竣工日期	
建设单位		申报年份	
施工单位		设计单位	
监理单位		勘察单位	
监督单位			
设计单位意见 单位公章 年　月　日			
施工单位意见 单位公章 年　月　日			
监理单位意见 单位公章 年　月　日			
建设单位意见 单位公章 年　月　日			
认定单位意见 单位公章 年　月　日			

参 考 文 献

[1] 中华人民共和国行业标准. JTS 133—2013 水运工程岩土勘察规范[S]. 北京:人民交通出版社,2013.

[2] 中华人民共和国行业标准. JTS 141—2011 水运工程设计通则[S]. 北京:人民交通出版社,2011.

[3] 中华人民共和国行业标准. JTS 201—2011 水运工程施工通则[S]. 北京:人民交通出版社,2011.

[4] 中华人民共和国行业标准. JTS 202—2011 水运工程混凝土施工规范[S]. 北京:人民交通出版社,2011.

[5] 中华人民共和国行业标准. JTJ 305—2001 船闸总体设计规范[S]. 北京:人民交通出版社,2001.

[6] 中华人民共和国行业标准. JTS 149-1—2007 港口工程环境保护设计规范[S]. 北京:人民交通出版社,2007.

[7] 中华人民共和国行业标准. JTS 167-1—2010 高桩码头设计与施工规范[S]. 北京:人民交通出版社,2010.

[8] 中华人民共和国行业标准. JTS 167-2—2009 重力式码头设计与施工规范[S]. 北京:人民交通出版社,2009.

[9] 中华人民共和国行业标准. JTJ 296—1996 港口道路、堆场铺面设计与施工规范[S]. 北京:人民交通出版社,1996.

[10] 安徽省交通建设工程质量监督局. 公路水运工程质量通病防治手册[M]. 北京:人民交通出版社,2013.6.

[11] 何光,卞国炎,等. 安徽省公路水运重点工程建设项目安全生产管理指南[M]. 北京:人民交通出版社,2011.3.

[12] 史学涛. 结构健康监测系统的研究[D]. 同济大学,2006.

后　　记

“十二五”以来，安徽省水运工程建设积极应对宏观经济形势，抢抓长江经济带发展战略新机遇，优化航线布局，推动港口资源整合，加快港口、船闸、航道等工程建设，安徽省水运事业进入了新的发展时期。

为促进安徽省水运工程又快又好的发展，从2011年开始，安徽省交通质监局以安徽省水运建设工程为依托，运用系统管理理论，在现场调研、专家咨询和试验验证基础上，开展了水运精品工程概念、管理标准和评价准则的研究。《安徽省水运精品工程实施指南》(以下简称《指南》)正是在这个研究的基础上，结合安徽省多年来在水运工程方面的科研成果和实践经验编制而成。《指南》提出了内河水运建设现代工程管理理念，全面阐释了水运精品工程概念及其外延与内涵，突出了健康监测和信息化管理，明确了内河水运建设现代工程项目管理内容与目标。基于全寿命周期理念，从项目建设全过程、多角度，提出相关管理的关键环节、控制要点和评价准则。

创建水运精品工程涉及项目前期策划、勘察设计、工程建设与管理以及评价等各个环节。本《指南》仅为精品工程创建提供原则、方法和准则，实际应用时需根据建设项目特点具体分析处理。

本《指南》在研究与编写过程中，得到了交通运输部安全与质量监督管理司的领导大力指导。《指南》由周基群、魏文江同志统稿。由于研究的范围较窄，加之编写水平有限，《指南》中的内容和观点，难免有疏漏和不妥之处，敬请广大读者批评指正。

编　者

2015年4月